Décodage Et Assimilation Du Code Civil Haïtien De 1918

Enfantement De La Constitution Américano-Haïtienne.

Fritz Guichard

INFINITY
PUBLISHING

ISBN 978-0-7414-9839-7

Impreso en los Estados Unidos de América

Publicado January 2014

INFINITY PUBLISHING
1094 New DeHaven Street, Suite 100
West Conshohocken, PA 19428-2713
Número de teléfono gratuito (877) BUY BOOK
Número de teléfono local (610) 941-9999
Fax (610) 941-9959
Info@buybooksontheweb.com
www.buybooksontheweb.com

Remerciements
A mon ami et collègue Reynold Nemorin,
A ma fille, le docteur Tamara Guichard,
A ma femme Rose Marie.

Préface

Fritz Guichard (Ti Guiche), après un premier coup de maitre, nous revient avec un nouvel ouvrage :

« Décodage et assimilation du Code Civil Haïtien de 1918 » Il se présente, à cœur ouvert, devant l'opinion publique, cette fois-ci, en empruntant les chemins du Droit. Il nous fait comprendre que l'homme le plus respecté de sa communauté peut être culpabilisé ou innocenté selon des décisions découlant de la jurisprudence. Maitre Guichard s'évertue donc à éclairer la route du lecteur pour l'emmener sur la voie de la vérité et de l'impartialité. Il fait alors un clin d'œil, d'une part, à des novices, de jeunes auxiliaires de la Justice pour qu'ils connaissent de leurs devoirs et obligations et d'autre part à tous les hommes ou femmes de robe pour qu'ils se souviennent des procédures juridiques. L'auteur se jette, l'esprit enflammé, sur des affaires judiciaires qu'il a connues et appréciées, avec discernement, selon les vœux de la Constitution haïtienne. Sans complexe, il fait irruption dans les artères de notre Code Civil sur l'autoroute du droit dont il est l'heureux propagateur. Il offre ainsi à tous un outil indispensable, afin que nul n'ignore la loi.

« Jus est Ars Boni Et Aequi »
Le droit est l'art du bien et du juste.

Maitre Guichard, avocat, se complait dans un domaine dont il a suivi les traces et où il a acquis l'art d'interpréter les lois. Il nous démontre avec ingéniosité et opiniâtreté que la défense est un droit sacré, utile à tous, afin que la justice soit distribuée avec célérité et rigueur à quiconque est lésé dans ses droits. La constatation obstinée d'une évidence est à la portée de Tous grâce aux recherches du juriste qui a fouillé dans le passé judiciaire haïtien pour affirmer que l'avocat instruit une cause, civile ou pénale, et la met en état d'être jugée par un tribunal compétent. L'auteur n'est pas né de la dernière pluie car on l'a vu tantôt explorant les sentiers du Savoir au Petit Séminaire Collège St. Martial, tantôt au Lycée Toussaint Louverture pour parfaire ses études secondaires. Un peu plus aguerri, il est séduit par la défense des plus faibles : La Veuve et l'orphelin. Il a ainsi suivi avec succès des cours à la FAC de droit. Profitant de ses capacités intellectuelles, il ajoute à son palmarès des études sérieuses en Économie chez Dabbas. En tant que gestionnaire, il a mis à contribution son savoir faire au service du Département des Finances de son pays. Tant de connaissances lui ont donné l'occasion de nous faire savoir « l'histoire et le rôle du FMI » dans l'économie haïtienne. Bien que confiné dans une retraite précoce, il est malgré tout déterminé à mettre en exergue l'homme haïtien à travers ses mœurs et coutumes, tout en lui soumettant des lois indispensables pour la survie de ses institutions.

En feuilletant les pages de cette œuvre historico-juridique, une tranche du passé haïtien est reconstituée au moyen d'articles. L'auteur s'est jeté sur les traces de Dalloz et du Code Civil Napoléonien pour le cheminement de notre Code Civil. Maitre Guichard a exhumé maints et maints articles afin de les mettre entre les mains d'hommes de lois. Quasiment une bonne partie de notre législation de 1918, sous l'occupation américaine, se retrouve dans cette compilation pour faire triompher l'honneur, l'intégrité, et le droit. Puisse l'ouvrage nous convaincre de la nécessité de mieux connaitre Haïti à travers ses composantes juridiques pour une société équitable dans un Etat fort.

M^e^. Reynold Nemorin

Avant Propos

Le Code Civil Haïtien est modelé sans coup férir sur le Code Civil Français. Il y avait une transplantation générale des Codes Napoléoniens dans l'édification de notre système juridique et de notre propre Code Civil. Un exemple palpable se retrouve dans le Répertoire de Législation de Dalloz, et le Code Civil Napoléonien de 1804. Il y avait aussi une période d'assimilation et d'ajustement des principes juridiques qui s'est échelonnée sur un espace de cent dix années. (1804-1914). Il fallait en effet, un modèle de Constitution bien articulé et bien codifié. Les Pères Fondateurs de la patrie ont tous opté pour celui de notre ancienne métropole. A l'orée de notre indépendance, il était impérieux de doter la nouvelle patrie d'un Code Civil Haïtien relatif à nos procès et litiges juridiques. Aussi, ils ont jugé bon d'adopter et de remanier certaines doctrines françaises pour les rendre plus appropriées à la jurisprudence haïtienne.

Durant cette période de notre existence, le Code Civil Haïtien faisait défense aux étrangers(1) de posséder des biens immobiliers et de devenir propriétaires. Cette règle était en application dès la publication du Code Civil Haïtien de 1806, qui sera effectif jusqu'en 1915. Il faut mentionner que bien avant l'arrivée des Américains, le législateur avait compris la nécessité de l'investissement et aussi l'importance du capital pour notre pays. Aussi, il avait inséré dans le Code Civil de 1826 une clause pour attirer et retenir le capital étranger. Par exemple, pour ouvrir une école commerciale ou industrielle, il s'est avéré de notoriété publique d'explorer et d'inclure une injonction qui pourrait retenir les investissements étrangers. La loi de 1826 était donc conçue à cet effet. Elle permettait aux étrangers de construire un immeuble pour les besoins de la communauté. Par conséquent, l'invitation d'investir était formelle et légale. A partir de 1915, avec l'arrivée des Américains, toutes nos institutions étaient dégradées pour être remplacées par des institutions similaires à l'esprit démocratique américain.[2] C'est ainsi que pour répondre aux vœux de l'Oncle Sam, notre chambre législative de 1915 fut dissoute et remplacée par une nouvelle qui accepta de voter la Constitution de 1918. Aussi, le docteur Hans Schmidt nous fait un récit approprié sur la Constitution de 1918 dans son livre : "The United States-Occupation of Haïti, 1915-1934." The new American-sponsored Constitution of 1918 would have been an exemplary enlightened document. It was not. It's most important provisions were the legalization of alien landownership indefinite suspension of the elected bicameral Haitian legislature, temporary suspension of the irrevocability of judges, and legalization of all acts of the American military occupation. The new Constitution, clearly was a device to serve American ends, was rammed through by means of an illegal, marine-supervised plebiscite after the Haitian legislature, the only body legally competent to tamper with the Constitution under existing Haitian law, was summarily disbanded because it refused to consider any alteration of the longstanding precept which outlawed alien landownership as a bulwark against recurrence of white foreign domination. The elected legislature was henceforth replaced by a Council of State appointed by the occupation's client- president, and did not sit again until after the anti-American strikes and riots of 1929. [3]

Nous essayerons de faire une traduction illico pour l'édification de nos lecteurs. Ce passage est pour nous une pièce à évidence autour de laquelle sont montées notre stratégie et l'idée maitresse dans la facture de ce livre.

"La nouvelle Constitution de 1918, sous l'égide de l'occupant américain aurait dû servir comme un modèle de document de valeur. Il n'a pas été. Les clauses les plus importantes furent premièrement la légalisation du droit de propriétés aux étrangers, deuxièmement la suspension définitive des deux Chambres, troisièmement la suspension provisoire de l'inamovibilité des juges, et finalement, la légalisation de tous les actes militaires engendrés par l'occupant." Certainement, la nouvelle Constitution, un machin utilisé pour servir la cause de l'américain, était forcée, illégalement par l'occupant sur notre chambre législative. Elle était la seule institution compétente pour faire le changement demandé. Elle était sommairement révoquée parce qu'elle avait refusé d'amender la constitution existante pour donner accès des biens immobiliers et fonciers aux étrangers. La chambre législative était donc remplacée par un Conseil de Gouvernement appointé par notre Président collaborateur (Sud Dartiguenave), et, ne pouvait tenir séance qu'après la grève et pillage de 1929 contre les Américains. "Certes il y eut des amendements, mais l'argument de base autour du statut du blanc reste et demeure, selon le professeur Claude Moise. "Constitutions et Luttes de pouvoir en Haïti Tome I p. 91 Éditions CIPIHCH Février 1988 Que."

Cette période de notre histoire est, n'en déplaise aux ultranationalistes, une époque de honte nationale, de confusion, d'assimilation et d'initiation à une culture étrangère différente de celle que nous avons adoptée et suivie jusqu'à cette date fatidique de 1915.

Une empreinte macabre encore vivace s'est imprégnée dans notre système judiciaire et dans bon nombre d'institutions étatiques. Cette règle du plus fort a été en application lors de notre occupation et soumission. Elle est toujours suivie ipso facto.

L'américain a utilisé ses principes démocratiques pour influencer et restructurer toutes nos institutions. Il a voulu nous faire jouir du dernier mot de la science d'après Hans Schmidt,[4] en même temps remplacer l'influence germanique. On verra la construction de routes, de voies ferrées et de ponts. On verra aussi l'ouverture d'écoles fermes modelées à la manière américaine. On verra en outre la création de nouvelles usines et aussi la création d'une nouvelle force de travail : ouvriers spécialisés. Il nous a dotés d'une nouvelle force militaire : la Garde d'Haïti, une force capable de faire face à n'importe quelle situation interne. L'occupant fut instrumentaire dans la rédaction partielle de la Constitution de 1918.

Notre intention était de nous confiner dans l'espace de 1918. Mais, un livre analytique de l'administration du gouvernement du Président Elie Lescot, écrit par le Professeur Marcel B. Auguste nous oblige à faire une intervention pertinente et nécessaire sur l'approche structurelle de l'auteur. Dans son livre intitulé Elie Lescot, Coup d'œil sur une administration, 1941-1946, le professeur Auguste avance : "la nécessité devant laquelle on se trouve de consacrer plusieurs pages à des démarches entreprises par le gouvernement et dont l'objectif était non seulement de mettre en place des structures administratives adéquates, mais aussi de développer ce qu'on pourrait qualifier de culture administrative."[5]. Laissons-nous féliciter le professeur pour un travail de qualité. Cependant, notre lecture de ce passage nous met à l'antipode de cette logique. Nous sommes d'accord avec lui sur sa philosophie ă la Descartes, mais, nous ne saurons cautionner cette optique structurelle et descriptive de l'administration du Président Lescot car pour nous il n'est pas le créateur de ces structures. Certes, il a innové en solidifiant, et assimilant des structures implantées jadis par l'américain. D'ailleurs le Président lui même en atteste : "Nous avons conservé la même organisation laissée par l'Américain."[6]

Il faut avouer avec le professeur Auguste que le président a œuvré dans la bonne direction. Il a voulu consolider les anciennes structures de l'administration publique et aussi en construire de nouvelles. Cette réorganisation a été un succès qualitatif dont les gouvernements de Magloire, Duvalier, et suivants bénéficieront et utiliseront durant leurs mandats.

Ce n'est pas un livre de critique. C'est plutôt un livre d'initiation aux procédures juridiques, destiné à nos jeunes compatriotes de la Faculté De Droit et Des Sciences Économiques. Il est aussi conçu et dédié à la gente estudiantine, en général, avide de connaissances et de préceptes juridiques.

En somme, nous espérons n'avoir rien négligé pour faire de ce manuel un ouvrage éducatif, un outil pédagogique facile à manier. Nous remercions infiniment tous ceux qui ont participé directement ou indirectement dans la production de cet ouvrage.

F.G.

Table Des Matières

Plan Des Chapitres

Première Partie

Deuxième Partie

Première Partie

Objectifs Du Code Civil Haïtien 1806-1918

Notre Code Civil de 1806, 1816, 1843, 1918 a touché à presque tous les sujets sociaux, économiques et juridiques de notre combative société à la recherche d'une normative forme de développement. En premier lieu, il parle de notre territoire, 2) du pouvoir législatif, 3) du pouvoir exécutif, 4) du pouvoir judiciaire, 5) des institutions communales, 6) des assemblées primaires, 7) des Finances, 8)de la révision de la Constitution,9) de la promulgation des lois, 10)de la jouissance et suspension des droits civils et politiques, 11) de la loi sur les actes de l'état civil, 12) de la loi déterminant le domicile, 13) de la loi sur les absentéistes, 14) de la loi sur le mariage, 15) de la loi sur le divorce, 16) de la loi sur la paternité et la filiation, 17) de la loi sur la minorité, la tutelle, et l'émancipation, 18) de la loi sur la majorité, 19) de l'interdiction et le conseil judiciaire, 20) de la loi sur la distinction des biens, 21) du droit d'accession, de l'usufruit, de l'usage et l'habitation, 22) de la loi sur les servitudes ou services fonciers, 23) de la loi sur la façon d'acquérir une propriété, 24) des qualités requises pour succéder au partage, 25) sur les donations, les testaments, la portion de biens disponibles et de la réduction, 26) des contrats ou les obligations conventionnelles, 27) de l'effet des obligations et conventions.

En second lieu, il élabore sur 1)la loi interprétative des engagements qui se forment sans convention, 2)le contrat de mariage et des droits respectifs des époux, 3) la dissolution de la communauté 4)l'acceptation de la communauté ou de la renonciation, 5) la faculté accordée à la femme de reprendre son apport franc et quitte, 6) la clause de séparation des biens, 7) le régime dotal, 8) la vente des obligations de l'acheteur, 9) le transport des créances et autres droits incorporels, 10) la loi du contrat de louage, 11)le bail à cheptel, 12) le contrat de société, 13)le prêt, 14) le dépôt et le séquestre, 15) les contrats aléatoires, 16)le mandat 17) le cautionnement, 18) la contrainte par corps,

19)la loi sur le nantissement, 20)le gage, 21)l'antichrèse, 23)les privilèges et les hypothèques, 23) la radiation et réduction des inscriptions, 24) l'effet et l'extinction des privilèges et hypothèques contre les tiers détenteurs, 25)la publicité des registres et de la responsabilité des conservateurs sur l'expropriation forcée et l'ordre entre les créanciers, 26) la prescription 27) la possession.

Notre but ici est de décoder et d'analyser les articles les plus usités du Code Civil Haïtien durant cette période. Ces articles seront utiles à tous ceux qui ont un intérêt immédiat dans un scénario ou un cas juridique sérieux. Nous n'avons pas craint de diviser et de simplifier le travail, de numéroter les divisions et les subdivisions. Notre expérience à la faculté de Droit de Port- au Prince, nous permet de constater une insuffisance aigue de bouquins sur un sujet tant évoquant et important pour le bon fonctionnement de la nation haïtienne. Nous pensons donc que le moment est propice pour suppléer à ce vide morbide. Nous pensons aussi avoir fait œuvre qui vaille pour la gente estudiantine avide d'information nouvelle et de connaissance juridique équilibrée.

Chapitre Premier

Espace Territorial : Arguments

Article 1- La République d'Haïti est une et indivisible, libre, souveraine et indépendante. Son territoire, y compris les îles adjacentes est inviolable, et ne peut être aliéné par aucune convention.

Article 2 – Le territoire de la république est divisé en départements. Chaque département est subdivisé en arrondissements et chaque arrondissement en communes. Le nombre, les limites, l'organisation et le fonctionnement des divisions et subdivisions administratives sont déterminés par la loi.

La loi est formelle à propos de l'entité de l'île, de sa subdivision et de sa quantification. Sous aucun prétexte, l'île d'Haïti ne peut être divisée pour être cédée ou vendue à une tierce personne. La périphérie de l'île est approximativement de 27.750 km^2. Il est de notoriété publique que la République d'Haïti est ceinturée par trois petites îles telles que Lagônave, Latortue, Iles à Vâche. Nous avons appris à l'école que ces îles étaient au nombre de quatre, excluant la Navase. Il semble qu'elle fait partie maintenant du domaine public des États-Unis depuis 1862. Cette acquisition d'une partie de notre territoire est-elle légale ? Qui a consenti à céder cette portion de terre ? Serait-ce une vente ou un bail emphytéotique ? Tout laisse accroire qu'il y a des coupables des deux côtés de l'Atlantique. Une étude sérieuse de la situation nous fait penser que la loi du plus fort a prévalu. Que faire dans un cas d'extorsion ? Quelle est la position du droit international ? Doit-on, ou peut on introduire une action en justice par devant le tribunal international de la Haye ?

On ne perd rien à jouer à qui perd, gagne. A cet effet, il y eut un cas similaire entre l' Argentine et l'Angleterre à propos des îles Malouines. Une guerre de courte durée entre ces deux prétendants, termina à l'avantage du plus fort en l'occurrence, l'Angleterre. Il est toujours bon de connaître la dimension physique et quantitative de son espace territorial et aérien.

Droits Civils Et Droits Politiques

Ces articles définissent l'être humain haïtien dans sa totalité. Ils parlent de son rôle et comportement dans la société. Ils parlent aussi du rapport des étrangers avec les institutions locales.

Articles 3 – Les règles relatives à la nationalité sont déterminées par la loi.

Articles 4 – Tout étranger qui se trouve sur le territoire d'Haïti jouit de la même protection accordée aux Haïtiens.

Article 5- Le droit de propriété immobilière est accordé à l'étranger résidant en Haïti et aux sociétés formées part des étrangers pour les besoins de leurs demeures, de leurs entreprises agricoles, commerciales, industrielles ou d'enseignement.

Ce droit prendra fin dans une période de cinq années, après que l'étranger aura cessé de résider dans le pays ou qu'auront cessé les opérations de ces compagnies.

Article6- Tout Haïtien âgé de vingt et un ans accomplis exerce ses droits politiques, s'il réunit d'ailleurs les autres conditions déterminées par la Constitution et par la loi. Les étrangers peuvent acquérir la nationalité haïtienne en se conformant aux règles établies par la loi. Les Haïtiens par naturalisation ne sont admis à l'exercice des droits politiques qu'après cinq années de résidence sur le territoire de la République.

Article 7- L'exercice des droits politiques sera suspendu par suite de condamnation judiciaire, intervenue conformément aux lois d'Haïti, emportant la suspension de droits civils.

Article 9- La liberté individuelle est garantie.

Nul ne peut être détenu que sur la prévention d'un fait puni par la loi et sur le mandat d'un fonctionnaire légalement compétent. Pour que ce mandat puisse être exécuté, il faut :

1) qu'il exprime le motif de la détention et la disposition de la loi qui punit le fait imputé.

2) qu'il soit notifié et qu'il en soit laissé copie à la personne détenue au moment de l'exécution.

Hors les cas de flagrant délit, l'arrestation est soumise aux formes et conditions ci-dessus. Toute arrestation ou détention faite contrairement à cette disposition, toute violence ou rigueur employée dans l'exécution d'un mandat sont des actes arbitraires contre lesquels les parties lésées peuvent, sans autorisation préalable, se pourvoir devant les tribunaux compétents, en poursuivant soit les auteurs, soit les exécuteurs.

Article 11- Aucune visite domiciliaire, aucune saisie de papiers ne peuvent avoir lieu qu'en vertu de la loi et dans les formes qu'elle prescrit.

En analysant l'article 5 susmentionné, l'étranger qui réside en Haïti, les sociétés étrangères ont le droit de fonctionner légalement sur le territoire haïtien. Ils ont le droit d'ouvrir des entreprises agricoles commerciales, industrielles ou d'enseignement. Nous devons attirer l'attention du lecteur sur le fait que les constitutions antérieures faisaient défense aux étrangers de posséder des biens immobiliers pour les besoins de leurs entreprises. L'État haïtien, entant que garant de la souveraineté de la jeune nation, bannissait toute personne ou toute chose étrangère rappelant un passé de misères et de turpitudes. Il n'a pas été chose facile pour les étrangers de s'implanter sur le territoire haïtien. Il a fallu attendre cent quatorze années, avec la venue des Américains pour lever cette interdiction. Dans le livre "L'Occupation d'Haïti par les Etats Unis 1915-1934" par Hans Schmidt, nous lisons cette citation : "Après la pacification de l'île, les commerçants étrangers pouvaient fonctionner sans inquiétude, à l'exception des allemands." Les étrangers qui fonctionnaient en Haïti avant la venue des américains , avaient ou bien épousé une femme de l'élite haïtienne, c'est le cas des allemands qui ont créé une communauté haïtiano-germanique, ou bien opéraient sous un prête nom. Le cas des levantins a été différent par nature car c'étaient des démunis pour la plupart, Arabes venus de la Palestine ou de la Jordanie. Arrivés en Haïti au commencement du dix neuvième siècle, ils ont été repoussés sous le gouvernement de Tancrète

Auguste, pour retourner en force sous le gouvernement de Borno. Alors qu'ils sont bannis du pays sous le gouvernement du président Auguste, ils ont été accueillis par certains haïtiens, la deuxième fois. Ils les ont hébergés, les ont soustraits, aux rigueurs de la loi. Ils sont maintenant les membres d'une force commerçante et marchande qui occupent une position importante dans l'échelle de notre économie titubante. Le problème n'est pas de trouver un coupable mais plutôt de trouver une solution.

Ces commerçants sont devenus par naissance, par changement de nationalité, ou par le mariage, des haïtiens à part entière. A' l'heure de la mondialisation, il faudra mettre en place des structures juridiques et économiques qui les inviteront à prendre en main une plus grande portion de la facture économique. Ils doivent participer à ce grand effort de développement national.

En 1918, le Code Civil dans son article 6 avait fixé l'âge limite de la majorité à vingt et un ans, pour tout haïtien voulant jouir de ses droits civils et politiques. A cette époque, nos législateurs pensaient que l'homme haïtien était mature à cet âge. Un peu plus loin, ce même article détermine comment l'étranger peut acquérir la nationalité haïtienne. Il doit non seulement renoncer à sa nationalité d'origine, il doit résider dans le pays durant une période de cinq ans. Après avoir acquis la nationalité haïtienne, il doit attendre une période de cinq ans pour jouir de ses doits civils et politiques. Tout haïtien naturalisé perd ce droit par suite d'une condamnation judiciaire pour un crime de lèse patrie, ou tout autre crime punissable par la loi haïtienne.

Les articles 9 et 11 se portent garants de la liberté individuelle. Ils stipulent qu'on ne peut détenir un individu sans un explicite mandat d'un fonctionnaire légalement compétent. Ce mandat doit clairement mentionner le motif de la détention et aussi l'article de la loi qui punit ce délit. Ce mandat dit qu'il faut signifier la personne en bonne et due forme, en lui procurant une copie légale conçue le jour même de l'arrestation. On ne peut pas perquisitionner une maison. On ne peut pas saisir des papiers ou documents personnels d'un individu sauf si la loi prévoit ce cas d'infraction. En cas contraire, l'État donne droit à l'individu de se pourvoir en justice. Pour tout cas d'infraction le ou les coupables seront punis conformément à la loi qui régit en la matière.

Article 14 – Cet article parle du droit de propriété et infirme la confiscation. Le droit de propriété est garanti. Nul ne peut être privé de sa propriété que pour cause d'utilité publique, et dans les cas et de la manière établis par la loi et moyennant une juste et préalable indemnité. La confiscation des biens en matière politique ne peut être établie.

Cet article est très explicite. Le droit de propriété est un droit sacré d'après le Code Civil. Ce droit ne peut être aliéné à aucune condition excepté en cas d'utilité publique. Il est entendu que les cas d'utilité publique sont des cas où l'état réquisitionne des propriétés pour le bien public. L'état entreprend de grands travaux tels que l'implantation d'un complexe industriel, la construction d'une route, de l'embellissement d'une zone, du perçage d'un tunnel, du routage d'un bras d'eau etc. Pour ce faire, la loi prévoit comment dédommager le ou les individus concernés. La loi applicable en la matière sera juste et équitable. Nous n'allons pas entrer dans la logique de la juste valeur de la propriété car cette valeur varie d'un individu à l'autre. L'État tranche la question d'une façon pratique et fixe le montant définitif. Dans le Code Civil de 1918, il était établi que ce droit sacré de propriété interdisait à tout fonctionnaire de l'état en l'occurrence, un Président, de faire mainmise sur les biens mobiliers et immobiliers d'un citoyen pour raison politique. Durant notre épopée de jeune nation, les luttes fratricides nous conduisaient le plus souvent à la saisie des biens de nos adversaires et l'utilisation de l'usufruit à notre avantage personnel. Nous avons discuté et plaidé combien cet article était juste et équitable.

Les articles 16, 18 et 20 mettent l'accent sur la liberté de la presse, l'enseignement et le droit de se rassembler.

Article 16 – La liberté de la presse est garantie, sous les conditions déterminées par la loi.

Dans cet article, il est permissible à tout journaliste, écrivain, narrateur, déclamateur, d'exercer sa fonction en toute quiétude. Chacun était libre d'exprimer sa pensée, de l'éditer, de l'imprimer et de la publier dans n'importe quel organe jugé convenable, sans préjudice aucun. Il était entendu que la façon de s'exprimer ne donnait pas un brevet à un écrivain de proférer des injures, outrages ou diffamations à un quelconque citoyen. La loi prévoit la peine à appliquer en cas de violation de ces droits. A partir de 1918, le code était clair et sans ambiguïté. Il voulait que la presse soit libre, sans museau, comme cela devrait être dans tout état démocratique. C'est ainsi qu'on a vu une prolifération de penseurs et d'écrivains parmi les meilleures compétences qu'Haïti ait jamais connues, tels les Sténio Vincent, Max Hudicourt, Price Mars, Daniel Fignolé, Thomas Lechau, Desmesmin Gabriel, Emile St. Lot, Lorimer Denis, François Duvalier etc.

Article 18 – L'enseignement est libre. La liberté de l'enseignement s'exerce sous le contrôle et la surveillance de l'état, conformément à la loi. L'instruction primaire est obligatoire. L'instruction publique est gratuite à tous les degrés.

Cet article met l'accent sur notre système éducatif. Il parle de la scolarité des élèves au niveau primaire, secondaire, et universitaire. Notre enseignement est gratuit pour tous ceux qui passent par la voie publique. A cette époque, notre système scolaire était l'un des plus instructif de la région des Caraïbes, il était de haut niveau. On ne pouvait pas ouvrir une école sans la vérification et l'approbation du ministère de l'Éducation Nationale. Tout Directeur d'École publique ou privée, devait s'entourer d'un staff compétent. Son école recevait la visite d'inspecteurs qualifiés durant le cycle scolaire. Ils faisaient des recommandations qui étaient suivies à la lettre sous peine de révocation de licences. Les soucis primordiaux des Directeurs étaient de veiller à la qualité de l'éducation offerte dans leurs établissements. Le recrutement des professeurs était accompli avec dextérité. On les évaluait pour leur savoir et aussi pour leurs étiquettes morales. Tout était prévu pour la bonne marche de l'instruction scolaire. Un autre exemple solide sur le droit de réunion se trouve dans l' article 20 .

Article 20- Les Haïtiens ont le droit de s'assembler paisiblement et sans armes pour s'occuper de toutes questions, en se conformant aux lois qui peuvent régir l'exercice de ce droit, sans néanmoins le soumettre à une autorisation préalable. Cette disposition ne s'applique point aux rassemblements dans les lieux publics, lesquels restent entièrement soumis aux lois de police.

Cet article touche un point sensible à tout haïtien, le droit de se réunir à n'importe quel domicile jugé nécessaire sans le port d'armes à feu, ou autres sans une permission préalable pour le faire. Les gouvernements antérieurs à la Constitution de 1918, abusaient de la justice en enlevant ce droit de se réunir à qui mieux, mieux. Ils le faisaient soit par une loi nouvelle ou par décret loi. Les citoyens étaient maintenus dans une psychose de peur constante. Ils ne pouvaient donc pas jouir de leurs droits civils et politiques librement. Il est vrai que maintenant l'article 20 leur donne ce droit mais le législateur nous dit que ce droit est un droit conditionnel. Par exemple, les Haïtiens ne pouvaient pas se trouver dans les lieux publics comme la chaussée, ou les parcs. Ils devaient obtenir une permission spéciale de la police pour le faire. Tel était l'esprit du Code Civil qui paraissait contrôler le droit de se réunir. La vérité était autre parce que les droits civils des Haïtiens étaient contrôlés à cette époque par la loi martiale des américains, Hans Schmidt écrit que "les activités de l'Union Patriotique en Haïti étaient sévèrement limitées à cause de la loi martiale imposée par les Américains. [8] La Non jouissance de ce droit à été le fait d'une loi étrangère: la loi martiale."

Pouvoir Législatif/ Pouvoir Exécutif

A Propos Du Pouvoir Législatif

Le Code Civil prévoit deux corps juxtaposés à cette époque : la chambre des députés, et la chambre du sénat. En son article 31, il définit ainsi ces chambres : "Le Pouvoir Législatif s'exerce par deux assemblées : une chambre des députés et un Sénat qui forment le corps législatif. Les députés sont au nombre, de trente six et les sénateurs quinze. Les premiers sont élus pour une période de deux ans et les seconds pour quatre ans. Pour être élus députés, il faut d'après l'article 33: 1) Etre âgé de vingt-cinq ans accomplis; 2) Jouir des droits civils et politiques; 3) Avoir résidé au moins une année dans l'arrondissement à représenter. En cas de vacance par suite de destitution ou de mortalité, démission, ou autres d'un député ou d'un sénateur, il est pourvu à son remplacement, dans sa circonscription électorale, pour le temps seulement qui reste à courir par une élection spéciale sur convocation immédiate du Président de la République. – Cette élection a lieu dans une période de trente jours après la convocation de l'Assemblée Primaire conformément aux articles

35 et 39. Les députés étaient élus à la majorité des votes émis dans les assemblées primaires de la circonscription, d'après les conditions et les modes prescrits par la loi. Cependant, les sénateurs étaient élus par suffrage universel et direct aux assemblées primaires des divers départements, selon les conditions et le mode déterminés par la loi. Articles 32 et 37. Le suffrage universel, un système électoral dans lequel le corps législatif est composé seulement d'haïtiens, hommes et femmes qui jouissent légalement de leurs droits civils et politiques. Ces deux pouvoirs associés à l'autorité présidentielle forment le gouvernement de la République.

Bien que ces deux corps délibèrent séparément dans l'exercice de leurs obligations, ils travaillaient conjointement en Assemblée Nationale." Les articles 41 et 42 tracent la marche à suivre.

Article 41- Le Président du Sénat préside l'Assemblée Nationale, le Président de la chambre des Communes en est le Vice-président, les secrétaires du Sénat et de la Chambre des Communes sont les secrétaires de l'Assemblée Nationale.

Article 42- Les attributions de l'Assemblée Nationale étaient:

1) D'élire le Président de la République et de recevoir de lui le serment constitutionnel,
2) De déclarer la guerre sur le rapport du Pouvoir Exécutif;
3) D'approuver ou de rejeter les traités de paix et autres traités et les conventions internationales.

Du Pouvoir Exécutif

Le pouvoir exécutif est un mandat de gestion accordé à un citoyen qui jouit du statut de Président de la République. Il est élu pour une période de six ans et ne peut en aucune façon s'accorder un second mandat à la fin du premier mandat. Article 71- Après une intervalle de six ans, s'il est réélu une nouvelle fois, ce sera la dernière fois qu'il jouit de ce privilège. Le Code Civil décrit les trois conditions sine qua non pour être qualifié à cette position :

1) Être né de père Haïtien et n'avoir jamais renoncé à sa nationalité ;

2) Être âgé de quarante ans accomplis ;
3) Jouir des droits civils et politiques.

Le président est le chef suprême de la nation. Il nomme et révoque les Secrétaires d'État. Il veille à l'exécution des traités de la République. Article 75. Il est chargé de veiller à l'exécution des lois, actes et décrets du Corps Législatif et de l'Assemblée nationale selon les vœux de la constitution. Il nomme aux emplois et fonctions publiques. Il a le droit de grâce et de commutation de peine excepté les cas prévus par les articles 100 et 101 de la Constitution de 1918 ,c'est-à-dire les cas de mise en accusation par les tribunaux ou par la Chambre des Députés. Il est aussi le chef suprême des forces armées et confère les grades. Il peut chercher l'avis par écrit d'un fonctionnaire de l'État, sur la marche et fonctionnement de son département. En cas d'incapacité du président, le conseil des Secrétaires d'État est investi temporairement du Pouvoir Exécutif. Le Président dirige la nation entouré de Secrétaires d' État. Ces derniers étaient alors au nombre de cinq. Le Président pouvait leur adjoindre des Sous Secrétaires, s'il le jugeait nécessaire. Ce mandat de gestion et d'administration sera jugé bon ou mauvais d'après la vision et l'approche du citoyen élu président.

Le Pouvoir Judiciaire

Le pouvoir judicaire est le pouvoir administré par les tribunaux. Ils sont de deux types: un tribunal supérieur, le tribunal de cassation qui est le tribunal de dernière instance, et des tribunaux inférieurs qui jugent des cas de leur compétence. Leurs nombres, et leurs juridictions sont réglés par la loi. Les juges sont aussi nommés par le Président. Les Juges du Tribunal de Cassation selon le Code Civil de 1918, étaient nommés pour dix ans et ceux des Tribunaux permanents étaient nommés pour sept ans. Ces juges étaient inamovibles. Ils ne pouvaient pas être révoqués selon les art 100, 101, et 102 de la Constitution. Les juges ne pouvaient occuper aucune autre fonction publique salariée – Article 94.

Les arrêts et jugements judicaires étaient motivés et prononcés en audience publique. Art 97. Le tribunal de Cassation était le tribunal de la dernière instance. Il rendait ses décisions sur tous les conflits de sa compétence. Le Tribunal de Cassation en dernier lieu décidera de la constitutionnalité des lois. Article 99. Le Code Civil reconnait la suprématie des décisions de la cour de cassation et la coiffe de son rôle de justicier ultime et sans recours.

Révision De La Constitution

Le Code Civil prévoit la marche à suivre pour amender la constitution. Il ne peut être fait d'une façon unilatérale , aux bons plaisirs du législateur ou du Président de la République. L'amendement se fait par la caducité d'une loi antérieure, de la nécessité de couvrir un aspect de droit non prévu antérieurement, ou de réviser l'esprit du texte qui ne répond plus aux desiderata du peuple. Les amendements seront introduits soit sur demande du Président de la République, ou du Corps Législatif, par courrier formel. Ils doivent être adoptés à la majorité des voix de tous les électeurs de la République. Cependant, ces amendements retenus, seront présentés aux électeurs pour être adoptés que seulement s'ils sont ratifiés par la majorité des deux tiers de chaque Chambre Législative siégeant séparément. Article 128. « Les amendements à la Constitution doivent être adoptés par la majorité des suffrages de tous les électeurs de la République. Chacune des deux branches du Pouvoir Législatif, ou le Président de la République, par la voie d'un Message au Corps Législatif, peut proposer des amendements à la présente Constitution.

Les amendements proposés ne seront soumis à la ratification populaire qu'après leur adoption par la majorité des deux tiers de chaque Chambre Législative siégeant séparément.

Ces amendements seront alors publiés immédiatement au « Moniteur ».

Durant les trois mois précédant le vote, le texte des amendements proposés sera imprimé et publié deux fois par mois dans les journaux ; à la prochaine réunion biennale des Assemblées primaires, les amendements proposés seront soumis au suffrage, amendement par amendement, par oui ou par non au scrutin secret, distinct, et ceux des amendements qui auront obtenu la majorité absolue des suffrages dans tout le territoire de la République deviendront partie intégrante de la Constitution dès la date de la réunion du Corps Législatif. »

En 1915, quand l'occupant eût investi l'enceinte de notre palais de justice, il avait un but spécifique : amender l'article 6 de la Constitution de 1889 qui constituait un obstacle à sa politique de contrôle et de diktat.

Selon l'article 6, l'étranger ne peut être constitué propriétaire d'immeubles sous le titre, de créancier hypothécaire et de preneurs perpétuels. Cet article était comblé d'anathèmes et pointé du doigt par les artisans de notre défaite.

En effet, l'occupant destitua de force notre chambre législative de 1915 et la remplaça par une chambre collaboratrice qui accepta d'amender cette loi.

Cette provision a été amendée par un article spécial annexé à l'article 128 sur l'amendement. En voici le contenu :

Article spécial – "Tous les actes du Gouvernement des Etats-Unis pendant son occupation militaire en Haïti sont ratifiés et validés". La loi sur le droit de propriété immobilière fut amendée sous l'impulsion de la force occupante pour donner aux américains un plus grand accès à notre vie sociale et économique.

Droits Civils-Jouissance Et Perte De Ces Droits

Tout haïtien, en vertu de la loi qui lui confère ce privilège, peut aussi bien le perdre. Selon la constitution Article 13. "Est haïtien, tout individu né en Haïti ou en pays étranger, d'un Haïtien ou d'une Haïtienne." L'article suivant nous dit comment on acquiert la nationalité haïtienne. L'étranger devient haïtien par naturalisation, et par faveur spéciale de la loi. L'étranger qui devient haïtien par voie de naturalisation doit résider en Haïti au moins deux ans accomplis. Pour jouir de ses droits politiques, il lui faut un maximum de cinq années de résidence. L'étrangère qui épouse un haïtien, suit la condition de son mari. L'haïtienne cependant perd la nationalité et peut la recouvrer par naturalisation. La femme haïtienne mariée à un étranger peut reprendre sa nationalité. Une simple déclaration au parquet du tribunal civil y pourvoira. Quant aux enfants étrangers, ils resteront comme tels jusqu'à l'année de leur majorité pour introduire une demande de naturalisation. Un autre point majeur, la femme haïtienne mariée à un haïtien naturalisé étranger, reste haïtienne à moins qu'elle décide autrement. Les enfants nés avant la naturalisation restent haïtiens. Article 5. La Perte de la qualité d'haïtien est sanctionnée par cinq clauses de l'article 17 :

1) Par naturalisation en pays étranger,
2) Par abandon de la Patrie au moment d'un danger imminent,
3) Par acceptation non autorisée de fonctions publiques ou de pensions conférées par un gouvernement étranger,
4) Par tous services rendus aux ennemis de la République ou par transactions faites avec eux,
5) Par condamnation contradictoire et définitive à des peines perpétuelles à la fois afflictives et infamantes.

A propos d'un différent commercial entre un haïtien et un étranger, nos tribunaux sont compétents pour juger en la matière. L'article 18 suivant va encore plus loin. Il établit les causes mais aussi il prévoit les peines :

1) Par suite de condamnation contradictoire et définitive à des peines perpétuelles à la fois afflictives et infamantes, telles qu'elles seront déterminées par le code pénal.
2) Par abandon de la patrie au moment d'un danger imminent,
3) Par naturalisation acquise en pays étranger,
4) Par acceptation de fonctions publiques confiées par un gouvernement étranger, et par tout service, soit dans les troupes, soit à bord des bâtiments d'une puissance étrangère,
5) Par tout établissement fait en pays étranger sans espoir de retour.

La perte de la qualité d'haïtien entraine la perte de ses droits civils et politiques. Il ne peut posséder des biens immobiliers. Il ne peut jouir d'aucune succession et ne peut être tuteur. Il ne peut porter témoignage en justice. Il ne peut contracter mariage. Un autre cas où l'on perd ses droits civils et politiques est, sous le coup d'un jugement par contumace. L'effet d'un tel jugement est résumé dans l'article 29 du C.C. Les biens du condamné seront administrés et ses droits exercés par ceux habiles à lui succéder, et ce, à leur profit quant aux revenus seulement, sauf la remise du fonds dans les cas prévus ci-après. Si les biens tombent à la vacance, ils seront régis par un curateur de la même manière que les biens des absents. C Civ. 94, 207, 696, 1212, 1893. C. Criminel 370. 372,376. Tels étaient les articles les plus communs durant cette période.

Trois actes du Code Civil peuvent être caractérisés comme essentiels dans le devenir de l'être humain. Ils sont des pièces d'identification. Ce sont les actes de naissance, les actes de décès et les actes de mariage. On nait, on se marie, on meurt et la vie continue. C'est pourquoi le législateur dans son souci de prévoir pour le bon fonctionnement de la société haïtienne nous a dotés d'un code fonctionnel. Ces articles sur les trois actes ci-dessus mentionnés sont importants pour les haïtiens dans tous les coins et recoins de la République. Malgré ce grand souci du législateur, son enseignement n'est pas toujours suivi à bon escient, surtout dans les coins les plus reculés de nos mornes. Par exemple, une déclaration de naissance confiée à Dieuseul se déforme en cours de route. Elle passe de mains en mains, de L'Homme pour devenir des Hommes, six Hommes, six mille Hommes etc. Alain Turnier dans son livre Mérisier Jeannis avance : « 'Dans le milieu rural, il existe une confusion entre le Prénom et le nom patronymique. Comme la filiation est une question de nom et s'établit par les actes de l'État Civil, le partage successoral entraine confusion et conflit que l'avocat ne manque pas d'exploiter. »9

Autour Des Actes De Naissance

En ce qui concerne les actes de naissance, il est dit dans l'article 55, les déclarations de naissance seront faites, dans le mois de l'accouchement, à l'officier de l'état civil du lieu du domicile de la mère ; l'enfant, garçon ou fille, lui sera présenté. La naissance de l'enfant sera déclarée par le père, ou à défaut du père, par les médecins, chirurgiens, sages femmes ou autres personnes qui auront assisté à l'accouchement, et lorsque la mère sera accouchée hors de son domicile, par la personne chez qui elle sera accouchée. L'acte de naissance sera rédigé de suite en présence des témoins. C Civ. 300.

Article 58- Dans un cas particulier de naissance en mer, la déclaration se fera dans les vingt-quatre heures en présence du père, s'il est présent, et de deux témoins pris parmi les officiers du bâtiment, ou à défaut, parmi les hommes de l'équipage. Cet acte sera rédigé sur les bâtiments de l'État, par l'officier d'administration de la marine, et sur les bâtiments particuliers, par le capitaine, maître ou patron du navire. L'acte de naissance sera inscrit à la suite du rôle d'équipage. Les officiers responsables laisseront deux expéditions authentiques au bureau d'administration du port haïtien.

Dans le cas d'un port étranger, Ils les laisseront entre les mains de l'agent de la République. Une copie restera dans l'administration et l'autre sera expédiée au Grand Juge qui fera les suites nécessaires d'après l'esprit de l'article 62.

L'acte de naissance est une pièce d'identification majeure qui doit être enregistré dans les registres de l'état.

Autour Des Actes De Décès

Les actes de Décès font partie de la trilogie des pièces justificatives. Une personne décédée ne pourra être inhumée sans une autorisation de l'officier de l'état civil dans les vingt quatre heures après le décès, hors des cas prévus par la police selon le code de l'instruction criminelle. Art .34, Pénal 13,304. La procédure à suivre est la suivante, deux témoins, parents ou voisins se présenteront chez l'officier de l'état civil, et feront la déclaration. Cependant, en cas de mort violente, l'article 80 nous dit: "Lorsqu'il y aura des signes ou indices de mort violente ou d'autres circonstances qui donneront lieu de la soupçonner, on ne pourra faire l'inhumation qu'après qu'un officier de police assisté d'un médecin ou chirurgien, aura dressé procès- verbal de l'état du cadavre, et des circonstances y relatives, ainsi que des renseignements qu'il aura pu recueillir sur les prénoms, noms, âge, profession, lieu de naissance et domicile de la personne décédée. suivant le code de l'instruction criminelle Art 34 et Pénal 304,305."

Après les formalités nécessaires, l'officier de police les communiquera à l'officier de l'état civil qui fera le nécessaire.

Dans les cas de condamnation à mort, les greffiers au criminel, aux tribunaux civils ou dans les commissions militaires sont tenus d'envoyer dans les vingt quatre heures de l'exécution des jugements à l'officier de l'état civil qui fera suite.

Si la mort arrive dans un bâtiment, les officiers de marine, capitaine, maître ou patron remettront deux expéditions de l'acte du décès d'après l'article 59 du Code Civil à toutes autorités désignées du port qui feront le nécessaire.

Autour Des Actes De Mariage

Le mariage est un acte officiel légalement endossé par l'état en la personne d'un officier d'état civil qui se porte garant. En effet, Il doit le faire selon des principes juridiques du Code Civil. L'article 63 du Code Civil fait le point : "Aucun mariage ne pourra être célébré, qu'au préalable l'officier de l'état civil n'ait fait deux publications, à huit jours d'intervalle, un jour de dimanche, devant la porte du bureau de l'état civil. Ces publications et l'acte qui en sera dressé, énonceront les prénoms, noms, professions et domiciles des futurs époux, leur qualité de majeurs ou de mineurs et les prénoms, noms, professions et domiciles de leurs pères et mères. Cet acte énoncera entre autre, les jours, lieux et heures où les publications auront été faites: il sera inscrit sur un seul registre, qui sera côté, paraphé, et déposé au greffe du tribunal civil, conformément à ce qui est prescrit aux Articles 41- 45 du Code Civil."

Le mariage pour être valide, devait s'accomplir dans une année à compter de la publication affichée à la porte du bureau de l'état civil. Le mariage qui n'a pas été célébré durant ce délai était caduc et nul. Il devra être publié à nouveau dans la forme prévue par l'article 63. Au cas où le mariage est contesté par acte d'opposition légale signifiée à la personne ou au domicile des parties, l'officier d'état civil ne pourra plus célébrer le mariage sous peine de recours en justice. Article 68.

L'officier de l'état civil vérifiera les actes de naissance des futurs époux. L'époux qui ne pourra produire son acte de naissance par suite de désastre pourra y suppléer. Il fera la demande au juge de Paix du lieu de sa naissance. Le juge lui remettra un acte de notoriété. Cet acte selon l'article 71, contiendra la déclaration faite par trois témoins majeurs, de l'un ou de l'autre sexe, parents ou non parents, des prénoms, noms, profession et domicile du futur époux, et ceux de ses père et mère, s'ils sont connus ; le lieu et autant qu'il est possible, l'époque de sa naissance, et les causes qui empêchent d'en rapporter l'acte. Les témoins signeront l'acte de notoriété avec le juge de paix, et s'il en est qu'ils ne puissent ou ne sachent signer, il en fera mention. La célébration du mariage sera légale et formelle d'après les principes juridiques ci-dessus. D'après le Code Civil Art. 133, l'homme ne pourrait contracter mariage avant dix huit ans révolus, la femme avant quinze ans révolus. Néanmoins, il est loisible au Président d'Haïti d'accorder des dispenses d'âge pour des motifs graves. Dans le cas contraire, il fallait avoir vingt cinq ans accomplis pour les hommes et vingt et un pour les filles. Si l'un des époux est décédé ou incapable, le consentement de l'autre suffit. Si les deux sont morts ou incapables, le consentement des aïeuls et aïeules les remplacent. Art. 138.

Le mariage crée des devoirs et droits respectifs. Les époux se doivent fidélité, secours et assistance. Art 196. La femme est obligée de suivre son mari où il manifeste le désir d'élire domicile. La femme ne peut attaquer son mari en justice quand bien même elle serait marchande publique, ou non, commune ou séparée de bien. Lorsque le mari refuse à sa femme l'autorisation de passer un acte, la femme peut être autorisée par le tribunal après avoir entendu les objections du mari en conseil. Si le conseil les trouve sans fondement, le conseil habilitera la femme à le faire. Il faut souligner ici ce que le Docteur en droit Denise Masséna à La faculté de Madrid rapporte dans son livre : "La Femme dans le Droit, ici, égalité des sexes est proclamée mais en soulignant en même temps l'infériorité de la femme par rapport à l'homme."... La conséquence de tous ces préceptes n'est que la consécration de la suprématie du mari et celle de la faiblesse de la femme. Quel droit a la femme quand le mari est sous le coup d'une condamnation pour une peine afflictive ou infamante ? On lit dans l'article 20b "La femme même majeure, ne peut, pendant la durée de la peine, ester en jugement, ni contracter qu'après s'être fait autoriser par le doyen du tribunal civil, qui peut, dans ce cas, donner l'autorisation sans que le mari ait été entendu ou appelé."

Le mariage prend fin sous trois conditions : la mort, le divorce légalement prononcé, la condamnation devenue définitive de l'un des époux, à une peine perpétuelle à la fois afflictive et infamante. Art. 212.

Chapitre II

Divorce- Causes Et Effets

Le mariage qui finit par un divorce met en évidence un foyer conjugal en lambeau pour une infinité de raisons. Ces raisons peuvent être injures graves et publiques, l'adultère, incompatibilité de caractère, abandon du toit marital etc. Le mari et la femme peuvent obtenir le divorce. Le mari peut l'obtenir pour cause d'adultère de sa femme. La femme aussi peut obtenir le divorce pour cause d'adultère seulement si le mari a utilisé la maison commune avec sa concubine. Dans un cas similaire, la femme cocufiée ne pourra convoler en second noce qu'après une attente d'une année révolue, après la dissolution du premier mariage.

Un point essentiel qui mérite d'être élucidé aussi, est le divorce pour cause déterminée. Il est développé dans deux articles juxtaposés 221-222.

Art. 221- Quelle que soit la nature des faits ou délits qui donneront lieu à la demande en divorce pour cause déterminée, cette demande ne pourra être formée qu'au tribunal civil dans le ressort duquel les époux auront leur domicile.

Art 222- Si quelques- uns des faits allégués par l'époux demandeur, donnent lieu à une poursuite criminelle de la part du ministère public, l'action en divorce restera suspendue jusqu' après le jugement criminel, alors elle pourra être reprise, sans qu'il soit permis d'inférer du jugement criminel aucune fin de non recevoir, ou exception préjudicielle contre l'époux demandeur.

Dans le premier article, le législateur plaide pour la recevabilité de l'action dans un tribunal civil situé dans la même section que le domicile des époux. Le second article fixe la position de l'époux demandeur en divorce. L'action en divorce sera suspendue et reprise seulement après que l'action criminelle ait été élucidée.

Us Et Coutumes Du Divorce

Le tribunal civil, plus tard, le tribunal de Première Instance d'après la nouvelle connotation utilisée dans la promulgation de la loi du 10 mai 1920 est la seule institution légalement mandatée à entendre le cas de divorce dans l'article 221 sus mentionné. L'action en divorce produira les faits avec pièces à l'appui au doyen ou au juge par l'époux demandeur. Le doyen lui fera des recommandations et dressera un procès-verbal qui en testera de la remise des pièces justificatives. Le doyen fixera le jour et l'heure que les époux dûment signifiés doivent comparaître. Le doyen selon l'article 227, fera tout son possible pour arranger cette union. Dans le cas contraire il dressera un procès verbal et acheminera la demande et les pièces au ministère public qui fera le suivi. Une durée de trois jours est accordée pour remplir ces formalités. Le tribunal sous l'injonction du juge ou du doyen et des conclusions du ministère public, accordera le droit de citation.

En examinant les articles 229, 230,231, 232, 233,234, nous pouvons avancer que la partie demanderesse pourra, avec la permission du tribunal, citer la partie défenderesse en personne ou à huit clos d'après les formalités prévues par la loi. Dans les délais impartis, le demandeur en personne, assisté d'un conseil, s'il le juge à propos, exposera les motifs, présentera les pièces et les témoins. Le défendeur en fera de même. Il pourra produire des observations sur la demande ou des pièces ou les motifs du divorce. Il viendra avec ses propres témoins pour contrecarrer la partie demanderesse. Toutes ces plaidoiries seront consignées dans un procès verbal, lues et signées par les deux parties, s'ils ne savent lire ou écrire, il en fera mention dans le procès-verbal. Après cette première comparution, le tribunal renverra les parties à l'audience publique, et communiquera cette procédure au ministère public et désignera un rapporteur. Au cas où le défenseur est absent, le demandeur est tenu de lui signifier l'ordonnance du tribunal dans les délais prévus.

Cette procédure a été révisée par la loi de 1920. Le tribunal avant d'accepter la demande, fixera de nouveaux délais. Un avis publié sur l'inquisition de la partie demanderesse suffira. Cet avis dans un journal reconnu sera affiché à la porte principale du tribunal. Le jugement qui retient la demande où le divorce par défaut sera signifié par un huissier. S'il y a opposition , elle sera introduite dans les trente jours de la signification, ou dans le cas contraire dans les quatre vingt dix jours à partir de l'insertion de la minute du jugement ou arrêt dans un des journaux de la République. Au jour et à l'heure indiqués selon l'article 234, le ministère public entendu, le tribunal statuera d'abord sur les fins de non recevoir s'il en a été proposé. Au cas où elle serait trouvée concluante, la demande en divorce sera rejetée, dans le cas contraire, ou s'il n'a pas été proposé de fin de non recevoir, la demande en divorce sera admise. Un point à éclaircir à présent, après la comparution, le tribunal statuera sur les faits, la forme et le fond. Si la procédure n'a pas été suivie, il y aura cause de violation de l'article 234. La requête sera entachée de nullité.

Les groupes d'articles suivants : 235, 236, 237, 238, 239, 240 continuent d'élucider et de statuer sur les formes de divorce pour cause déterminée. L'article 235 stipule : "Immédiatement après l'admission de la demande en divorce, (sur le rapport du juge commis) le ministère public entendu, le tribunal statuera au fond. Il fera droit à la demande, si elle lui parait en état d'être jugée, sinon il admettra le demandeur, à la preuve des faits pertinents par lui allégués, et le défendeur à la preuve contraire. Le législateur établit une différence entre l'admission de la demande et le divorce. Les deux cas doivent être introduits et prononcés d'après deux jugements distincts et séparés". L'article suivant avance : A chaque acte de la cause ,les parties pourront, après le rapport du juge, et avant que le ministère public ait pris la parole, proposer ou faire proposer leurs moyens respectifs, d'abord sur les fins de non-recevoir, et ensuite sur le fond, mais en aucun cas le conseil du demandeur ne sera admis, si le demandeur n'est pas comparant en personne. La présence de la partie demanderesse est nécessaire pour la validité du jugement. Une fois le jugement prononcé, il sera lu par le greffier du tribunal. Les témoins seront avertis par le doyen que durant ce délai, ils pourront constituer d'autres témoins, et après ce délai, ils ne seront point entendus. Les parties examineront les témoins à accepter et ceux à écarter. Le tribunal statuera sur les reproches, après avoir entendu le ministère public. Tout témoin qui sera retenu par le tribunal pourra ester au jour et à l'heure indiqués. Ces dépositions d'après les articles 241,242,243,244,245,246,247 seront reçues par le tribunal séant à huit clos en présence du ministère public, des parties, et de leurs conseils ou amis jusqu' au nombre de trois de chaque côté. Les parties pourront faire des observations et interpellations sans interrompre le cours de leurs dépositions. Tout ceci sera rédigé dans un procès verbal qui sera lu et signé, si elles ne savent pas signer, il en fera mention. Après la clôture des enquêtes de la partie demanderesse et de la partie défenderesse, si cette dernière partie n'a pas produit de témoins, le tribunal renverra les parties à l'audience publique avec mention du jour et de l'heure. Aussi le tribunal ordonnera la communication de la procédure au ministère public et commettra un rapporteur. Cette ordonnance sera signifiée au défendeur, à la requête du demandeur dans le délai prévu. Selon l'article 245, au jour fixé pour le jugement définitif (le rapport sera fait par le juge commis) les parties pourront ensuite faire par elles-mêmes ou par l'organe de leurs conseils, telles observations qu'elles jugeront utiles à leur cause après quoi le ministère public donnera ses conclusions. Lorsque le divorce sera définitif, le demandeur pourra demander acte à l'officier d'état civil. Toute fois, il y a des cas de divorce pour cause de sévices, d'injures graves qui n'est pas toujours accepté par le grand juge. Ces cas méritent d' être analysés. Nous évoquerons les articles 248, 249, 250, 251, 252, 253, 254.

Les juges autoriseront la femme à quitter le toit conjugal avec une ordonnance de fin de non recevoir contre le mari. Ils le condamneront à payer à la femme une pension alimentaire si elle n'a pas les moyens suffisants pour le faire. Après une séparation d'une année d'épreuve, le mari pourra citer à nouveau sa femme pour un jugement définitif. Dans deux cas explicites de divorce cités dans les articles 249, 250 ,nous relevons une exception capitale relative à la condamnation de l'un des époux pour une peine afflictive et infamante . Lorsque le divorce sera demandé par la raison, qu'un des époux est condamné par suite d'un jugement contradictoire et définitif, à une peine temporaire à la fois afflictive et infamante, les seules formalités à observer consisteront à présenter au tribunal civil une expédition en bonne forme du jugement de condamnation avec un certificat du greffier du tribunal qui a prononcé la condamnation, portant que ce même jugement n'est plus susceptible d'être réformé par aucune voie légale. Plus loin, dans l'article 250 nous lisons ce qui suit : lorsque le divorce sera demandé en vertu de l'article 219, les seules formalités à observer consisteront à présenter au tribunal une expédition en bonne forme du jugement de condamnation par contumace, portant que ce même jugement n'a été réformé par aucune voie légale.

En effet, l'article 219 statuait sur la condamnation par contumace de l'un des époux. La condamnation de l'un des époux par contumace était une cause valable pour une demande en divorce. Lorsque le jugement n'a pas été anéanti après cinq années de sa date. S'il y a lieu d'interjeter appel, pour cause d'opposition, le délai est de trois mois à compter du jour de la signification du jugement. Après ce délai, le recours en cassation comme tribunal du dernier ressort aura le dernier mot. Une fois un jugement définitif est rendu, l'époux l'aura obtenu, aura un délai de deux mois pour se présenter devant l'officier de l'état civil et faire prononcer le divorce.

L'époux demandeur qui n'aura pas respecté ce délai ne pourra bénéficier de ce jugement. Il doit présenter une nouvelle requête et inclure l'ancienne s'il tient toujours au divorce. Une autre cause qui entraine le divorce est le placement des enfants avec l'un des époux que le tribunal ou le ministère public aura jugé approprié pour les enfants. Si le tribunal fait choix de la femme demanderesse ou défenderesse. Elle jouira de tous les avantages prévus par la loi. Elle doit élire domicile dans une maison approuvée par le tribunal. Elle recevra une pension alimentaire. Tous ces avantages seront suspendus si elle ne respecte pas les décisions judiciaires. Les mêmes traitements seront aussi appliqués au mari. L'article 259 rapporte ce qui suit : Toute obligation contractée par le mari à la charge de la communauté, toute aliénation par lui faite des immeubles qui en dépendent postérieurement à la date de l'ordonnance, sera déclarée nulle, s'il est prouvé d'ailleurs qu'elle ait été faite ou contractée en fraude des droits de la femme.

Formalités Et Fin Du Divorce

Le divorce peut aussi prendre fin de deux façons : la réconciliation et par consentement mutuel. Dans les deux cas, la loi prévoit des fins de non recevoir et prescrit l'âge maximum pour le mari, soit vingt cinq ans accomplis pour le mari et vingt et un ans pour la femme. Le consentement mutuel va encore plus loin dans ses exigences. Les articles 264-265 précisent : “le consentement mutuel ne sera admis qu’après deux ans de mariage.” “Il ne pourra plus l’être après vingt cinq ans de mariage, ni lorsque la femme aura quarante cinq ans.”

La partie demanderesse ainsi que la partie défenderesse doivent faire l’inventaire de tous les biens meubles et immeubles convenus de partager. L’article 267 est très explicite: Les époux seront pareillement tenus de constater par écrit, leurs conventions sur les trois points qui suivent.

1) A qui les enfants nés de leur union seront confiés ? Soit pendant le temps des épreuves, soit après le divorce prononcé.
2) Dans quelle maison la femme devra se retirer et résider pendant le temps des épreuves ?
3) Quelle somme le mari devra payer à sa femme pendant le même temps, si elle n’a pas de revenus suffisants pour fournir à ses besoins ?

Les articles 260-275 mettront l’accent sur les formalités à suivre pour terminer le divorce. Par exemple, les époux se présenteront devant le doyen du tribunal civil ou devant le juge en présence de deux notaires. Le doyen fera les recommandations convenables et donnera lecture du Chapitre IV qui stipule: Les époux divorcés peuvent contracter ensemble un nouveau mariage. Dans ce cas, ils seront tenus d’adopter le même régime matrimonial que celui qui réglait leur union dissoute, ce régime leur est applicable d’office nonobstant toutes conventions contraires.

La faculté présentement ouverte aux divorcés n’existera plus au profit de deux anciens époux dont l’un aura, postérieurement au divorce prononcé contre eux, contracté avec une tierce personne, un nouveau mariage suivi d’un second divorce.

Après la célébration d’un nouveau mariage entre époux divorcés, il ne sera reçu de leur part aucune nouvelle demande de divorce, si ce n’est pour cause d’adultère à moins que le premier divorce n’ait été admis pour ce motif ; ou si ce n’est pour une cause de condamnation à une peine soit afflictive et infamante, soit simplement infamante, prononcée contre l'un d'eux depuis leur mariage.

Un examen des articles 270, 271, 272, 273, 274, 275, nous donne la marche à suivre pour solutionner les cas d'insistance des époux à maintenir le divorce par consentement mutuel. C'est alors seulement que le doyen leur donnera acte. Ils seront obligés de produire et de déposer entre les mains du notaire toutes les pièces discutées dans les articles 266 et 267, mais aussi leurs actes de naissance et de mariage, plus les actes de naissance des enfants nés de leur union. Les notaires dresseront procès verbaux détaillés des propos dits et ruminés. Ils donneront permission à la femme de se retirer dans le domicile convenu et approuvé, dans les vingt-quatre heures. Une déclaration sera faite et renouvelée dans la première quinzaine de chacun des quatrième, septième et dixième mois qui suivront. Dans la quinzaine du jour où sera révolue l'année, à compter de la première déclaration selon l'article 273. Les époux assistés chacun de deux amis, personnes notables dans l'arrondissement, âgés de quarante ans au moins, se présenteront ensemble et en personne devant le doyen du tribunal civil ou le juge qui en fera les fonctions; ils lui remettront les expéditions en bonne forme, des quatre procès-verbaux contenant leur consentement mutuel, et de tous les actes qui y auront été annexés et requerront du magistrat, chacun séparément, en présence néanmoins l'un de l'autre, et des quatre notables, l'admission du divorce.

Le greffier du tribunal civil dressera procès verbal, après que le doyen et les assistants auront fait leurs observations aux époux. Le doyen mettra fin ă la procédure en apposant sa signature en bas du procès –verbal, portant que dans les trois jours suivants, le tout sera référé au tribunal sur les conclusions du ministère public.

Finalement, les articles 276, 277,278,279,280,281, statuent sur la fin de ces procédures. Le ministère public conclura en ces termes s'il ne trouve aucune erreur : "la loi permet, s'il y a erreur, ses conclusions seront en ces termes: la loi empêche." Le tribunal dans ce cas admettra le divorce ou le rejettera.

Dans le cas de pourvoi en cassation, un délai de dix jours au plus tôt est accordé et au plus tard dans les vingt jours de la date du jugement du tribunal civil. Les actes du pourvoi doivent être signifiés aux époux des deux parties et au ministère public.

L'article 280 met en exergue cette prescription : Dans les dix jours, à compter de la signification qui lui aura été faite du second acte de pourvoi, le ministère public près le tribunal civil fera passer au ministère public près le tribunal de cassation l'expédition du jugement et les pièces sur lesquelles il est intervenu. Le ministère public près le tribunal de cassation donnera ses conclusions par écrit, dans les dix jours qui suivront la réception des pièces. Le doyen ou le juge qui le suppléera, fera son rapport au tribunal de cassation, en la Chambre du conseil et il sera statué définitivement dans les dix jours qui suivront la remise de conclusions du ministère public. On distinguera alors le ministère public près du tribunal civil qui est le tribunal de première instance et le ministère près du tribunal de cassation qui est le tribunal de dernière instance. Cette différence est importante parce que les conclusions de ce dernier ministère sont irréversibles.

Une fois la fin de ces procédures terminée, les parties se présenteront devant l'officier de l'état civil, pour faire prononcer le divorce. Le divorce sera enregistré dans les registres de l'état civil. Le divorce terminé produit des effets que nous avons mentionnés dans l'article 283 plus haut.

Les articles subséquents nous donnent encore plus de précision. Art. 284, 285, 286, 287,288 : La femme divorcée pour cause déterminée, ne pourra contracter mariage qu'un an après le divorce prononcé. Dans le cas d'adultère l'époux coupable ne pourra plus se remarier avec son complice. La femme accusée d'adultère est passible, d'une détention pas moins de trois mois, ni plus d'une année. Les effets sont encore plus sévères en lisant l'article 287 : Pour quelle que cause que le divorce ait lieu, hors le cas du consentement mutuel, l'époux contre lequel le divorce aura été admis, perdra tous les avantages que l'autre époux lui avait faits, soit par leur contrat de mariage, soit depuis le mariage contracté. En conséquence, la femme perd l'usage du nom de son mari. En plus, l'époux qui aura obtenu le divorce conservera tous les avantages.

Les articles 289, 290, 291, 292 touchent aux effets du divorce vis à vis des enfants. Les enfants seront confiés à l'époux qui aura obtenu le divorce à moins que le tribunal ait décidé autrement. Celui ou celle qui aura la garde des enfants, pourvoira à leur entretien et à leur éducation autant que faire se peut proportionnellement. Les enfants jouiront donc de tous les avantages nés de ce mariage.

Cependant, l'article 292 mentionne une exception de grande importance : La séparation des biens immobiliers vis à vis des enfants en cas de divorce par consentement mutuel. "Dans les cas de divorce par consentement mutuel, la propriété de la moitié des biens de chacun des deux époux sera acquise de plein droit, au jour de leur première déclaration, aux enfants nés de leur mariage. Les père et mère conserveront néanmoins la jouissance de cette moitié, jusqu' à la majorité de leurs enfants, à la charge de pourvoir à leur nourriture, entretien et éducation, conformément à leur fortune et à leur état, le tout sans préjudice des autres avantages qui pourraient avoir été assurés aux dits enfants, par les conventions matrimoniales de leurs père et mère."

Un autre aspect de la vie conjugale est la séparation de corps prévue par le législateur en faisant promulguer la loi du 10 Mai 1920. Par cette loi, le demandeur peut transformer sa demande en divorce, en demande de séparation de corps. Cette demande sera traitée et instruite de la même manière que toutes les actions civiles. La femme sortira victorieuse dans cette procédure car elle jouira de tous ses droits civils sans l'approbation du mari. Il faut aussi signaler que tous les effets cessent avec le retour au foyer conjugal. Les effets vis à vis des tiers seront valides après la publication faite au Greffe du Tribunal et affichée d'après l'article 1230 du Code Civil.

Le Droit De Paternité Et De Filiation Des Enfants Légitimes

C'est un droit souverain, ultime, accordé à un père de reconnaître ou de désavouer un enfant conçu dans le mariage. L'article 293 stipule : L'enfant conçu pendant le mariage a pour père le mari. Néanmoins, celui ci pourra désavouer l'enfant, s'il prouve que, pendant le temps qui a couru depuis le trois-centième jusqu'au cent-quatre-vingtième jour avant la naissance de cet enfant, il était, soit pour cause d'éloignement, soit par l'effet de quelque accident, dans l'impossibilité physique de cohabiter avec sa femme.

L'article suivant fait défense au mari de désavouer un enfant pour cause d'impuissance ou pour cause adultérine Art 294. Le mari ne pourra, en alléguant son impuissance naturelle, désavouer l'enfant, il ne pourra le désavouer même pour cause d'adultère, à moins que la naissance ne lui ait été cachée, auquel cas, il sera admis à proposer tous les faits propres à justifier qu'il n'en est pas le père. Un autre cas non moins intéressant est celui prévu dans l'article 295, où le refus est catégorique. Défense est faite au mari de désavouer un enfant né avant le délai de cent-quatre-vingtième jour du mariage, s'il a eu connaissance de la grossesse avant le mariage. Art. 295. L'enfant né avant le cent-quatre-vingtième jour du mariage ne pourra être désavoué par le mari, s'il a eu connaissance de la grossesse avant le mariage, s'il a assisté à l'acte de naissance, et si cet acte est signé de lui ou contient sa déclaration de ne savoir ou ne pouvoir signer, et si l'enfant n'est pas né viable.

La loi fixe le délai pour le désaveu d'un enfant à trois cent jours après la dissolution du mariage. De même si le mari est absent, il a un mois pour faire la réclamation, s'il y a fraude, deux mois. En cas de mort du mari, qui d'autre peut contester la légitimité ? L'article 298 nous donne la réponse. "Si le mari est mort avant d'avoir fait sa réclamation, mais étant encore dans le délai utile pour le faire, les héritiers auront deux mois pour contester la légitimité de l'enfant, à compter de l'époque où cet enfant serait mis en possession des biens du mari, où de l'époque où les héritiers seraient troublés par l'enfant dans cette possession." Finalement, l'acte de désaveu suivant l'article 299, sera non avenu, s'il n'est suivi, dans le délai d'un mois, d'une action en justice, dirigé contre un tuteur ad hoc donné à l'enfant et en présence de sa mère.

La Cour De Cassation

La Ligne De Démarcation Des Enfants Naturels

L'article 302 du Code Civil reconnait aux enfants nés hors du mariage la possibilité d'être légitimés : Les enfants nés hors mariage, autres que ceux provenant d'un commerce incestueux ou adultérin, pourront être légitimés par le mariage subséquent de leurs père et mère, lorsque ceux ci les auront légalement reconnus avant leurs mariages ou qu'ils les reconnaitront dans l'acte même de la célébration. La légitimation peut se faire non seulement pour les vivants mais aussi pour les enfants décédés. Dans ce cas, les héritiers de ces derniers bénéficieront de ce jugement. Cependant, un enfant naturel ne pourra réclamer les droits des enfants légitimes.

Droit Des Enfants Naturels

Les droits des enfants naturels sont mentionnés dans l'article 606 du Code Civil : Les enfants naturels n'héritent de leur père ou mère, ou de leurs ascendants naturels, qu'autant qu'ils ont été légalement reconnus. Ils n'héritent jamais des ascendants légitimes, de leur père ou mère.

L'article 608 ajoute une clause essentielle sur la pétition et l'attribution des biens par le tribunal : "S'il y a concours de descendants légitimes et, de descendants naturels, la part de l'enfant naturel devra toujours être le tiers de la part de l'enfant légitime. Pour opérer facilement le partage, il suffira de supposer le nombre des enfants légitimes triple de ce qu'il sera réellement, d'y ajouter celui des enfants naturels et de faire autant de parts égales qu'il sera censé alors y avoir d'enfants. Chaque enfant naturel prendra une part, chaque enfant légitime en prendra trois. Telle est la ligne de démarcation entre les enfants légitimes et les enfants naturels."

Après tant de législations concernant les droits des enfants, il est de notoriété que l'autre section soit toute aussi importante soit celle de la tutelle des enfants. Qui peut être tuteur ? Nous avons d'abord par ordre numérique : 1) la tutelle des père et mère 2) celle des ascendants 3) celle du subrogé-tuteur. L'article 330 du Code Civil investit le père de deux fonctions clés. Il est comptable et aussi administrateur. " Le père est, durant le mariage, administrateur des biens personnels de ses enfants mineurs. Il est comptable, quant à la propriété et aux revenus, des biens dont il a la jouissance ; et, quant à la propriété seulement, de ceux des biens dont la loi lui donne l'usufruit."

En cas de décès de l'un des époux, la tutelle appartient à l'autre époux survivant. Si l'autre époux est la mère, elle devra consulter le conseil de famille qui décidera si elle doit continuer avec la tutelle au cas où elle veut se remarier. Le droit de choisir un tuteur selon l'article 334 appartient au dernier mourant qui peut le faire soit par un acte de dernière volonté ou par déclaration devant le juge de paix assisté de son greffier, ou d'un notaire.

Quand le défunt n'a pas choisi un tuteur, la loi investit l'aïeul du côté paternel de ce droit. L'article 336 est encore plus catégorique : "Tout mineur sans tuteur en sera pourvu par le conseil de famille. Ce conseil sera convoqué, à la réquisition des parents du mineur, de ses créanciers ou d'autres parties intéressées et même d'office, par le juge de paix du domicile du mineur. Toute personne pourra dénoncer à ce juge de paix le fait qui donne lieu à la nomination du tuteur." La composition du conseil de famille est décrite d'une façon descriptive, dans l'article 337 : Le Conseil de famille sera composé du juge et de six parents ou alliés pris dans la commune où la tutelle sera ouverte, ou partout ailleurs, si le juge de paix le croit nécessaire, moitié du côté maternel, en suivant l'ordre de proximité dans chaque ligne. Les frères germains, s'ils sont au nombre de six ou au delà, composeront le conseil de famille. A défaut des parents, le conseil sera composé d'amis.

La convocation du conseil d'après l'article 338, "sera fixée par le juge de paix, de manière qu'il y ait un intervalle de trois jours, au moins, entre celui de la citation, et celui de la réunion pour les personnes domiciliées dans la commune et un jour de plus, par cinq lieues, pour les personnes d'une autre commune. Tout parent ou allié convoqué se présentera en personne ou se fera représenter par un mandataire. Si un membre convoqué est absent, il encourra une amende de douze gourdes. S'il y a cause suffisante et valable, le juge de paix pourra ajourner ou proroger l'assemblée." Enfin de compte, l'article 343 nous explique le rôle du personnage qui préside le conseil de famille. Le conseil de famille sera présidé par le juge de paix, qui aura voix délibérative, et prépondérante en cas de partage. La tutelle est une charge personnelle qui ne passe point aux héritiers du tuteur. Comme corollaire, le Code Civil en ses articles 345,346,347, nous parle du Subrogé-Tuteur qui est un personnage important et nécessaire dans toute tutelle. Il est nommé par le conseil de famille. En effet, un tuteur, article 346, avant d'entrer en fonction, devra convoquer un conseil de famille pour la nomination du subrogé-tuteur. S'il est ingéré dans la gestion de la tutelle avant d'avoir rempli cette formalité, le conseil de famille convoqué, soit sur la réquisition d'une partie intéressée, soit d'office, par le juge de paix, pourra, s'il y a eu dol de la part du curateur, lui retirer la tutelle sans préjudice des indemnités dues au mineur. L'article 347 élabore un peu plus: "En aucun cas, le tuteur votera pour la nomination ou la destitution du subrogé-tuteur. Le subrogé-tuteur demandera la nomination d'un tuteur en cas de mort, absence, ou abandon." Les articles 350 à 360 nous parlent des causes de dispenses et d'exclusion de la tutelle. Ces causes sont communes au tuteur et au subrogé-tuteur. Elles ont été conçues pour éviter la dualité de pouvoir du citoyen. L'article 350 formule une clause appropriée pour ces cas: "Sont dispensés de toute tutelle autre que celle de leurs enfants: 1)Le Président d'Haïti, le Secrétaire d'État, le Grand Juge et le Secrétaire Général 2) Les citoyens chargés d'une fonction publique hors du département où la tutelle s'établit, 3) les militaires en activité de service, 4) Toute personne âgée de soixante ans accomplis ou atteinte d'une infirmité grave et dûment justifiée. 5) Toute personne qui, sans être époux ou père, est déjà chargée de deux tutelles ou tout époux ou père qui est déjà chargé d'une tutelle étrangère; 6) Tout citoyen ayant sept enfants légitimes."

Plus loin, l'article 354 nous donne une liste d'exclusions qui défend à ces individus les fonctions de la tutelle: Ne peuvent être tuteurs, ni membres des conseils de famille: 1) Les mineurs, excepté le père ou la mère; 2) Les femmes autres que la mère et les ascendants; 3) Tous ceux qui ont, ou dont les père et mère ont avec le mineur, un procès dans lequel l'état de ce mineur, sa fortune, ou une partie notable de ses biens, sont compromis. Autres causes d'exclusions sont: l'infidélité, l'impéritie, l'inconduite notoire, la perte ou la suppression des droits civils. Dix huit articles mentionnent l'administration d'un tuteur et donnent la procédure à suivre pour remplir cette fonction légalement et judicieusement. Par exemple, l'article 362 du Code Civil nous explique cette procédure : " Dans les dix jours qui suivront celui de sa nomination, dûment connue de lui, le tuteur requerra la levée des scellés, s'ils ont été apposés, et fera procéder à l'inventaire des biens du mineur, en présence du subrogé-tuteur. S'il lui est dû quelque chose par le mineur, il devra le déclarer dans l'inventaire, à peine de déchéance, et ce, sur la réquisition que le notaire sera tenu de lui en faire, et dont mention sera faite au procès verbal."

Dans l'article 363 nous lisons : "Dans le mois qui suivra la clôture de l'inventaire, le tuteur fera vendre, en présence du subrogé-tuteur, aux enchères reçues par un officier public, et après des publications dont le procès verbal de vente fera mention, tous les meubles autres que le conseil de famille l'aurait autorisé à conserver en nature."

L'article 365 nous éclaire amplement : " Lors de l'entrée en exercice de toute tutelle, autre que celle des père et mère, le conseil de famille règlera par aperçu et selon l'importance des biens régis, la somme à laquelle pourra s'élever la dépense annuelle du mineur, ainsi que celle d'administration de ses biens. Le même acte spécifiera si le tuteur est autorisé à s'aider, dans sa gestion, d'un ou plusieurs administrateurs particuliers salariés, et gérant sous sa responsabilité."

Une autre série importante est la gestion des biens du mineur. Un tuteur est le gérant responsable et par conséquent doit fournir un état détaillé de sa gestion à la fin de chaque année. L'article 381 précise : "Le compte définitif de tutelle sera rendu aux dépens du mineur, lorsqu'il aura atteint sa majorité ou obtenu son émancipation. Le tuteur en avancera les frais. Il sera remboursé pour toutes dépenses justifiées et nécessaires."

L'article 385 fait le point sur un désaccord entre le tuteur et le mineur : "Toute action du mineur contre son tuteur, relativement aux faits de la tutelle, se prescrit par cinq ans, à compter de la clôture du compte définitif de tutelle."

Chapitre III

Émancipation Et Rapport Du Mineur Avec Son Tuteur

Jusqu'à présent, nous avons parlé du tuteur, du subrogé-tuteur et du mineur. Nous avons présenté les articles du Code Civil de 1929 relatifs à ce sujet mais nous n'avons pas encore mentionné les droits du mineur à l'âge de la puberté et aussi ses droits lors qu'il atteint la majorité. Un mineur est émancipé par le mariage nous dit l'article 386. L'article suivant avance : "Le mineur, même non marié, pourra être émancipé par son père ou, à défaut du père, par sa mère, lorsqu'il aura atteint l'âge de quinze ans révolus. Cette émancipation s'opèrera par la seule déclaration du père ou de la mère, reçue par le juge de paix assisté de son greffier." Un autre cas est celui du mineur n'ayant ni père ni mère, attendra l'âge de dix-huit ans accomplis pour le faire, si le conseil de famille en juge capable. Le mineur émancipé pourra recevoir ses revenus et en donner décharge. Le mineur émancipé ne pourra intenter aucune action immobilière, ni y défendre, même recevoir un capital mobilier, et en donner décharge sans l'assistance de son curateur, qui au dernier cas, surveillera l'emploi du capital reçu. Art. 392.

En plus, il ne pourra pas faire d'emprunts, ni vendre, ni aliéner ses immeubles ni faire aucun acte, autre que ceux de pure administration.

En gravissant l'échelle des âges, celle de la majorité était fixée à vingt et un ans accomplis. Celui qui est majeur, sera interdit s'il est dans un état habituel d'imbécilité, de démence ou de fureur. Dans ces trois derniers cas, une demande d'interdiction sera portée devant le tribunal civil. Ceux qui auront provoqué l'interdiction, ne pourront pas faire partie du conseil de famille. L'article 406 est très explicite à ce sujet : "Après avoir reçu l'avis du conseil de famille, le tribunal interrogera le défendeur en la chambre du conseil : s'il ne peut s'y présenter, il sera interrogé, dans sa demeure, par l'un des juges à ce commis, assisté du greffier. Dans tous les cas, le ministère public sera présent à l'interrogatoire." Et l'article 407 poursuit : "Après le premier interrogatoire, le tribunal commettra, s'il y a lieu, un administrateur provisoire, pour prendre soin de la personne et des biens du défendeur." L'article 410 nous donne un peu plus de lumière. "Tout jugement portant interdiction, ou nomination d'un conseil, sera à la diligence des demandeurs, levé, signifié à partie, et inscrit, dans les dix jours, sur les tableaux qui doivent être affichés dans la sale de l'auditoire, et dans les études des notaires du ressort du tribunal civil."

Enfin l'article 420 signale : "Lorsqu'il sera question du mariage de l'enfant d'un interdit, la dot, ou l'avancement d'hoirie, et les autres conventions matrimoniales seront réglés par un avis du conseil de famille, homologué par le tribunal civil, sur les conclusions du ministère public."

La logique judiciaire nous amène à l'étude d'un dernier élément nécessaire dans l'évolution des rapports d'un mineur avec son tuteur, son curateur ou son subrogé-tuteur : Du Conseil Judiciaire. Les articles 422 et 423 parlent des prodigues c'est à dire des personnes dépensières à outrance et sans retenue. Article 422. Il peut être défendu aux prodigues de plaider, de transiger, d'emprunter, de recevoir un capital mobilier, et d'en donner décharge, d'aliéner, ni de grever leurs biens d'hypothèques, sans l'assistance d'un conseil qui leur est nommé par le tribunal civil. L'autorité du conseil est si importante que sans ce dernier une demande d'interdiction peut être introduite par ceux qui ont droit de demander l'interdiction.

Des Biens Mobiliers Et Immobiliers

Le prochain segment couvre les biens en général qu'on a divisé en deux groupes : les biens, meubles ou immeubles. Le Code Civil rapporte que les biens sont meubles par leur nature, ou par la détermination de la loi. Les articles,431 à 440 nous donnent une liste des biens qui tombent dans cette catégorie : les corps qui peuvent se transporter d'un lieu à un autre comme les animaux; les obligations et actions qui ont pour objet des sommes exigibles ,les actions ou intérêts dans les compagnies de finances, de commerce ou d'industrie aussi les rentes perpétuelles ou viagères ; les matériaux provenant de la démolition d'un édifice et ceux pour construire un nouveau; les meubles destinés à l'usage et à l'ornement des appartements comme tapisseries, lits, sièges, tables, pendules, glaces et tableaux non incrustés, ne sont pas compris, les tableaux de famille et les collections de tableaux.

D'un autre côté, les biens sont immeubles par nature ou par leur destination ou par l'objet auquel ils s'appliquent. Dans cette catégorie, d'après l'article 427 nous trouvons les fonds de terre et les bâtiments sont immeubles par leur nature plus, les moulins à sucre, ceux à piler et à vanner le café; les moulins à maïs, à coton, à indigo, à tabac sont immeubles par nature, toutes productions de la terre non encore recueillies, les tuyaux servant à la conduite des eaux dans une habitation, au tout autre établissement; les objets que le propriétaire d'un fonds y a placé pour le service et l'exploitation de ce fonds, les animaux attachés à la culture, les (cabrouets) ou tombereaux, les ustensiles aratoires, les ruches à miel, la cochenille, les chaudières à sucre, alambics, cuves, tonnes, et objets semblables, tous effets mobiliers que le propriétaire a attachés au fonds à perpétuelle demeure, l'usufruit des choses immobilières, les servitudes ou services fonciers, les actions qui tendent à revendiquer un immeuble.

Telle est la distinction majeure entre deux éléments importants sur la possession des biens qui entrainent des discussions et des erreurs graves.

Avant de souligner les relations des biens avec son propriétaire, laissons nous introduire l'article450 qui faisait défense aux étrangers d'être propriétaire de biens fonciers : "Nul ne peut être propriétaire de biens fonciers, s'il n'est Haïtien." L'article 451 suivant nous dit : "La propriété d'une chose, soit mobilière, soit immobilière, donne droit sur tout ce qu'elle produit, et sur ce qui s'y unit accessoirement, soit naturellement, soit artificiellement. Ce droit s'appelle droit d'accession."

L'article 457 fait le point sur le droit d'accession, et nous explique les attributions et les limitations du propriétaire. "La propriété du sol emporte la propriété du dessus et du dessous. Le propriétaire peut faire au-dessus toutes les plantations et constructions qu'il juge à propos, sauf les exceptions établies par la loi sur les servitudes ou services fonciers. Il peut faire, au-dessous, toutes les constructions et fouilles qu'il jugera à propos, et tirer de ces fouilles tous les produits qu'elles peuvent fournir, sauf les modifications qui pourront résulter des lois et règlements de police ou relatifs aux `mines.'' L'article 458 présente le scénario d'une maison appartenant à plusieurs propriétaires qui a plusieurs étages et tombe en désuétude ou détruite par un incendie, un ouragan, ou autre évènement, elle devra être relevée à frais communs. "Si l'un des propriétaires s'y refuse, il y aura lieu au partage égal, tant de l'emplacement que des débris. S'il s'élève des contestations, soit sur le mode de procéder au partage, soit sur la manière de le terminer, il y aura lieu à licitation, et le prix de la vente sera partagé également entre les propriétaires des différents étages."

L'article 459 établit une présupposition de fait sur les constructions, plantations ou d'autres travaux érigés sur des propriétés incluses. "Toutes constructions, plantations et ouvrages sur un terrain ou dans l'intérieur, sont présumés faits par le propriétaire, à ses frais, et lui appartenir si le contraire n'est prouvé ; sans préjudice de la propriété qu'un tiers pourrait avoir acquise ou pourrait acquérir par prescription, soit d'un souterrain sous le bâtiment d'autrui, soit de toute autre partie du bâtiment."

Poursuivant la logique de la propriété du sol, l'article 461 fait un point essentiel sur la construction faite par un tiers sur une propriété qui ne l'appartient pas. "Lorsque les plantations, constructions et ouvrages on été faits par un tiers, et avec ses matériaux, le propriétaire du fonds a droit ou de les retenir, ou d'obliger ce tiers à les enlever. Si le propriétaire du fonds demande la suppression des plantations et constructions, elle est aux frais de celui qui les a faites, sans aucune indemnité pour lui ; il peut même être condamné à des dommages- intérêts s'il y a lieu, pour le préjudice que peut avoir éprouvé le propriétaire du fonds."

"Si le propriétaire préfère conserver ces plantations et constructions, il doit le remboursement de la valeur des matériaux et du prix de la main-d'œuvre, sans égard à la plus ou moins grande augmentation de valeur que le fonds a pu recevoir. Néanmoins, si les plantations, constructions et ouvrages ont été faits par un tiers évincé qui n'aurait pas été condamné à la restitution des fruits, attendu sa bonne foi, le propriétaire ne pourra demander la suppression des dits ouvrages, plantations et constructions; mais il aura le choix, ou de rembourser la valeur des matériaux et du prix de la main-d'œuvre, ou de rembourser une somme égale ă celle dont le fonds a augmenté de valeur."

Un autre cas très intéressant est celui des atterrissements, des accroissements et des alluvions qui se forment et augmentent la portion riveraine d'un propriétaire.

L'article 462 parle en ces termes : "Les atterrissements et accroissements qui se forment successivement et imperceptiblement aux fonds riverains d'un fleuve ou d'une rivière s'appellent alluvion. L'alluvion profite au propriétaire riverain, sauf les exceptions prévues par la loi. Il en est de même des relais que forme l'eau courante qui se retire insensiblement de l'une de ses rives en se portant sur l'autre. Le propriétaire de la rive découverte profite de l'alluvion, sans que le riverain du côté opposé y puisse venir réclamer le terrain qu'il a perdu. Ce droit n'a pas lieu à l'égard des relais de la mer." L'article 463 décrit les alluvions des eaux d'un étang : "L'alluvion n'a pas lieu à l'égard des étangs dont le propriétaire conserve toujours le terrain que l'eau couvre, quand elle est à la hauteur de la décharge de l'étang, encore que le volume de l'eau vienne à diminuer. Réciproquement, le propriétaire de l'étang n'acquiert aucun droit sur les terres riveraines que son eau vient à couvrir dans les crues extraordinaires."

Dans le cas d'un fleuve ou d'une rivière, la justice est plus évidente. Les articles 464 et 465 donnent plus de détails. "Si un fleuve ou une rivière enlève par une force subite, une partie considérable et reconnaissable d'une propriété, le propriétaire n'en conservera pas moins la propriété de la partie enlevée ; mais il sera tenu de former sa demande dans l'année. Après ce délai, il n'y sera plus recevable, à moins que le propriétaire du terrain auquel la partie enlevée a été unie n'eût pas encore pris possession de celle-ci."

Art. 465. Si un fleuve ou une rivière se forme un nouveau cours en abandonnant son ancien lit, les propriétaires des fonds nouvellement occupés, prennent, à titre d'indemnité, l'ancien lit abandonné, chacun dans la proportion du terrain qui lui a été enlevé. Ainsi prend fin le droit d'accession sur ce qui est produit par la chose.

De L'Usufruit, De L'Usage Et De L'Habitation

Le sujet qui nous intéresse maintenant, parle de L'usufruit de L'Usage et de L'Habitation. Chacun de ces termes est défini dans les articles 478 et 511. Art 478. " L'usufruit est le droit de jouir des choses dont un autre a la propriété, comme le propriétaire lui-même, mais a la charge d'en conserver la substance. L'usufruit est établi par la loi, ou par la volonté de l'homme. L'usufruit peut être établi pour la vie, ou à certain jour, avec ou sans condition. Il peut être établi sur toute espèce de biens, meubles ou immeubles." Art 511- L'usage est le droit de se servir personnellement d'une chose dont un autre a la propriété. L'habitation est le droit de se loger et de demeurer gratuitement dans la maison d'autrui. L'article 479 conclut "Nul ne peut être usufruitier à vie de biens fonciers, s'il n'est Haïtien."

Les articles 480, 481, 482, 483, 484, 485 statuent sur les droits de l'usufruitier et des différents types de fruits et de choses qui font partie de l'usufruit. Par exemple, les fruits naturels qui viennent de la terre, le croit des animaux, les fruits civils comme les loyers, les intérêts des sommes exigibles, les arrérages des rentes, les fruits industriels. Les articles 486 à 491 élaborent sur les choses périssables, et les denrées d'exportation. Par exemple, l'article 487 met en évidence le droit de l'usufruitier sur une propriété rurale. "Celui qui a l'usufruit d'une propriété rurale y pourra faire des bois neufs, s'il n'y a convention contraire ; mais il sera tenu d'y faire les plantations de denrées d'exportation que le terrain sera susceptible de produire."

Les articles suivant 488 à 491 analysent plus spécifiquement les droits de l'usufruitier sur un domaine inculte c'est à dire un domaine qui n'a jamais été cultivé. Dans l'article 488, nous lisons: "Celui qui aura sur un domaine inculte un droit d'usufruit dont le mode ne lui aura pas été spécialement proscrit, pourra, en se conformant à l'usage des lieux pour l'ordre des coupes, profiter des parties de bois d'acajou, de gayac et de teinture, susceptible d'être mises en coupes régulières, soit que ces coupes se fassent sur une certaine étendue de terrain, soit qu'elles se fassent d'une certaine quantité d'arbres pris indistinctement sur toute la surface du domaine."

L'article 489 poursuit, "L'usufruitier peut jouir par lui-même, donner ferme à un autre, même vendre ou céder son droit à titre gratuit. S'il donne à ferme, il doit se conformer pour les époques, aux temps où les baux doivent être renouvelés, et, pour leur durée, aux règles établies pour le mari, à l égard des biens de la femme, dans la loi No. 6 ,relative au contrat de mariage et aux droits respectifs des époux."

Plus loin, l'usufruitier jouit de tous les droits dont le propriétaire peut jouir, exception faite sur les mines et carrières, non encore ouvertes, ni au trésor qui pourrait être découvert pendant la durée de l'usufruit. Le propriétaire du domaine doit respecter les droits de l'usufruitier.

Après avoir parlé des droits de l'usufruitier, il est logique que nous examinions les obligations de ce dernier vis-à-vis du propriétaire, et aussi les obligations du propriétaire vis-à-vis de l'usufruitier. En premier lieu, citons l'article 493 : "L'usufruitier prend les choses dans l'état où elles sont, mais il ne peut entrer en jouissance qu'après avoir fait dresser, en présence du propriétaire, ou lui dûment appelé, un inventaire des meubles et un état des immeubles sujets à l'usufruit."

L'usufruitier n'a pas d'autres choix que d'accepter les biens meubles et immeubles tels quels. S'il accepte d'en prendre possession, il doit faire un inventaire détaillé en présence du propriétaire. L'article 496. "L'usufruitier n'est tenu qu'aux réparations d'entretien. Les grosses réparations demeurant à la charge du propriétaire, à moins qu'elles n'aient été occasionnées par le défaut de réparations d'entretien, depuis l'ouverture de l'usufruit ; auquel cas, l'usufruitier en est aussi tenu.

Les grosses réparations sont celles des gros murs, ou de ce qui en tient lieu, et des voûtes ; le rétablissement des poutres et des ouvertures entières ; celui des digues et des murs de soutènement et de clôture, aussi en entier. Toutes les autres réparations sont d'entretien. Ici, on établit clairement la différence entre les petites réparations, les réparations d'entretien et les grosses réparations, réparations des voûtes de soutènement et des poutres."

L'article 498 tient pour responsables des débours annuels non seulement l'usufruitier mais aussi le propriétaire. "L'usufruitier est tenu, pendant sa jouissance, de toutes les charges annuelles de l'héritage, telles que les contributions et autres qui, dans l'usage sont censées chargées de fruits. A l'égard des charges qui peuvent être imposées sur la propriété pendant la durée de l'usufruit, l'usufruitier et le propriétaire y contribuent ainsi qu'il suit : Le propriétaire est obligé de les payer, et l'usufruitier doit lui tenir compte des intérêts. Si elles sont avancées par l'usufruitier, il a la répétition du capital à la fin de l'usufruit. De même que l'usufruitier ou universel ou à titre universel est tenu de contribuer avec le propriétaire au paiement des dettes. Ainsi les droits du propriétaire cessent et ceux de l'usufruitier commencent."

Droits D'Usage Et D'Habitation

Dans ce nouveau segment, nous analyserons le vocable « Droits d'usage et d'habitation ». C'est un sujet que j'ai beaucoup à cœur car il est ancien autant qu'il est d'actualité. Ce sujet est important surtout dans les cas d'absentéistes pour des raisons diverses.

L'article 511 affirme : L'usage est le droit de se servir personnellement d'une chose dont un autre a la propriété. L'habitation est le droit de se loger et de demeurer gratuitement dans la maison d'autrui. L'usager doit jouir de son droit d'habitation en bon père de famille. Si le titre n'est pas clairement défini, l'article 514 fait le point : "Celui qui a l'usage des fruits d'un fonds, ne peut en exiger qu'autant qu'il lui en faut pour ses besoins et ceux de sa famille. Il peut en exiger pour les besoins même des enfants qui lui sont survenus depuis la concession de l'usage. L'usager ne peut céder ni louer son droit à un autre."

L'article 516 conclut ce segment en nous présentant une dualité de charges obligatoires. "Si l'usager absorbe tous les fruits du fonds, si celui qui a un droit d'habitation occupe la totalité de la maison, ils sont, comme usufruitier, assujettis : l'un aux frais de culture ; l'autre aux réparations d'entretien et au paiement des contributions. Si le premier ne prend qu'une partie des fruits, si le second n'occupe qu'une partie de la maison, l'un et l'autre contribuent au prorata de ce dont ils jouissent."

Autour Des Servitudes

Un autre aspect de notre étude, tourne autour des servitudes ou services fonciers. Ces deux termes se réfèrent aux conditions établies pour l'usage et l'utilité d'un fonds appartenant à un autre propriétaire. Aussi, nous examinerons deux servitudes essentielles, source de conflits mortels : 1) des servitudes qui dérivent de la situation des lieux et 2) des servitudes établies par la loi. L'article 518 nous donne une idée ; "Les fonds inférieurs sont assujettis, envers ceux qui sont plus élevés, à recevoir les eaux qui en découlent naturellement sans que la main de l'homme y ait contribué. Le propriétaire du fonds inférieur ne peut pas élever de digue qui empêche cet écoulement. Le propriétaire du fonds supérieur ne peut rien faire qui aggrave la servitude du fonds inférieur. Comme on le voit le Code Civil est soucieux et strict pour le respect de la procédure. Il est défendu au propriétaire supérieur de modifier l'écoulement naturel des eaux pluviales ou des sources. Il est aussi défendu au propriétaire inférieur de clore l'orifice de ces eaux."

L'article 514 ajoute : "Celui qui a une source dans son fonds peut en user à sa volonté, sauf le droit que le propriétaire du fonds inférieur pourrait avoir acquis par titre ou par prescription. Il faut signaler maintenant que ce droit s'acquiert par une jouissance non interrompue sur une période de vingt années."

Les articles 526, 527 établissent une différence. Ils mentionnent les servitudes établies par la loi qui ont pour objet l'utilité publique ou l'utilité des particuliers. Les autres servitudes sont relatives au mur et aux fossés mitoyens. L'article 528 définit un mur mitoyen : "Dans les villes et les campagnes, tout mur servant de séparation entre les bâtiments ou entre cours et jardins et même entre enclos, est présumé mitoyen, s'il n'y a preuve ou titre du contraire."

Le Code Civil, en son article 537 donne droit à un propriétaire d'un mur mitoyen de contribuer au frais de réparations et de constructions. "Chacun peut contraindre son voisin dans les villes et bourgs, à contribuer aux constructions et réparations de la clôture faisant séparation de leurs maisons, cours et jardins : la hauteur de la clôture est fixée à huit pieds."

Les articles 538, 539, 542 statuent sur le genre architectural. Art. 538- “Lorsque les différents étages d’une maison appartiennent à divers propriétaires, si les titres de propriété ne règlent pas le mode des réparations et reconstructions, elles doivent être faites ainsi qu’il suit : Les gros murs, ou ce qui en tient lieu, et le toit, sont à la charge de tous les propriétaires, chacun en proportion de la valeur de l’étage qui lui appartient.

Le propriétaire du second étage fait l’escalier qui y conduit ; le propriétaire du second étage fait, à partir du premier, l’escalier qui mène chez lui, et ainsi de suite : chacun fait le plancher sur lequel il marche.”

Art. 539- “Lors qu’on reconstruit un mur mitoyen ou une maison, les servitudes actives et passives se continuent à l’égard du nouveau mur ou de la nouvelle maison, sans toute fois qu’elles puissent être aggravées et pourvu que la reconstruction se fasse avant que la prescription de vingt ans soit acquise.”

Art. 542- “Il n’est permis de planter des arbres qu’à la distance de six pieds de la ligne séparative des deux propriétés. Le voisin peut exiger que les arbres plantés à une moindre distance soient arrachés. Celui sur la propriété duquel avancent les branches des arbres du voisin peut contraindre celui ici à couper ces branches. Si ce sont les racines qui avancent sur son fonds, il a droit de les couper lui-même. Les arbres qui se trouvent dans la haie mitoyenne, sont mitoyens comme la haie ; et chacun des deux propriétaires a droit d’en jouir, ou de requérir qu’ils soient abattus.”

Finalement, les articles 548,549 envisagent l’égout des toits et le droit de passage. Art. 548. “Tout propriétaire doit établir des toits de manière que les eaux pluviales s’écoulent sur son terrain ou sur la voie publique ; il ne peut les faire verser sur le fonds de son voisin.”

Art. 549. “Le propriétaire dont le fonds est enclavé, et qui n’a aucune issue sur la voie publique, peut réclamer un passage sur les fonds de ses voisins pour l’exploitation de sa propriété, à la charge d’une indemnité proportionnée au dommage qu’il peut occasionner.”

Et l'article 550 prévoit comment ce passage doit être fait. "Le passage doit régulièrement être pris du côté où le trajet est le plus court du fonds enclavé à la voie publique. Néanmoins, il doit être fixé dans l'endroit le moins dommageable à celui sur le fonds duquel il est accordé. Ces servitudes s'éteignent par le non-usage d'une période de vingt ans."

D'un autre côte, les servitudes établies par le fait de l'homme sont codifiées pour le bon fonctionnement de la société. L'article 552 nous donne une idée : "Il est permis aux propriétaires d'établir sur leurs propriétés, ou en faveur de leurs propriétés, telles servitudes que bon leur semble, pourvu néanmoins que les services établis ne soient imposés ni à la personne, ni en faveur de la personne, mais seulement à un fonds, et pour un fonds, et pourvu que ces servitudes n'aient d'ailleurs rien de contraire à l'ordre public. L'usage et l'étendue des servitudes ainsi établies se règlent par le titre qui les constitue ; à défaut de titre, par les règles prévues par le Code Civil 924, 946 à 954." On peut tirer un exemple concret dans un verdict rendu par la cour de cassation en Juillet 1874, mentionné dans le recueil Périodique de Dalloz 28. " Un meulier, en vendant son moulin peut se réserver pour lui et ses successeurs à perpétuité le droit d'y faire moudre gratuitement la farine destinée à la consommation de sa maison. Une telle convention est valable comme créatrice de servitude." L'article 553- Les servitudes sont établies ou pour l'usage des bâtiments ; ou pour celui des fonds de terre. Elles sont ou continues ou discontinues.

Les servitudes continues sont celles dont l'usage est ou peut être continuel sans avoir besoin du fait actuel de l'homme ; tels sont les conduites d'eau, les canaux d'arrosage, les égouts, les vues. Recueil Périodique Dalloz 8 ; et autres de cette espèce.

Les servitudes discontinues sont celles qui ont besoin du fait actuel de l'homme pour être exercées, tels sont les droits de passage, puisage et semblable.

Art 554- Les servitudes sont apparentes ou non apparentes.

Les servitudes apparentes sont celles qui s'annoncent par des ouvrages extérieurs, tels qu'une porte, une fenêtre, un aqueduc. Les servitudes non apparentes sont celles qui n'ont pas de signe extérieur de leur existence, comme, par exemple, la prohibition de bâtir sur un fonds, ou de bâtir au-dessus d'une hauteur déterminée.

Les servitudes de ce genre s'acquièrent de deux façons : par titre ou par possession de vingt ans. D'après l'article 560 ; Celui auquel est due une servitude, a le droit de faire tous les ouvrages nécessaires pour en user et pour la conserver.

Au Sujet Du Droit De Propriété Et De La Succession

Avant d'entamer le segment sur la succession et ses divers ordres, étudions donc quelques articles sur le droit de propriété qui nous conduisent directement à la succession. D'après l'article 572, La propriété des biens s'acquiert et se transmet par succession, par donation entre vifs ou testamentaire, et par l'effet des obligations.

Art 573- La propriété s'acquiert aussi par accession ou incorporation, et par prescription.

Art 574. Les biens qui n'ont pas de maître, appartiennent à l'État. En ce qui concerne les trésors, ils appartiennent à celui qui les trouve sur son fonds. Ils appartiennent pour moitié à celui qui l'a découvert sur la propriété d'autrui.

Une succession est le droit de transfert légal des biens et obligations d'une personne décédée à une autre. L'article 578 nous dit : "Les successions s'ouvrent par la mort et la perte des droits civils."

L'article 583 cite : "La loi distingue deux séries d'héritiers, les héritiers légitimes et les héritiers naturels. Chaque série roule exclusivement sur elle-même ; et il n'y a concours des deux séries à une succession, ou dévolution d'une série à l'autre, que dans les cas spécialement exprimés. A défaut d'héritiers dans l'une ou l'autre série, les biens passent à l'époux survivant ; et s'il n'y en a pas, à l'État."

Le Code Civil de plus, prévoit qui peut être éligible à l'ouverture d'une succession : Il faut être en vie durant cette procédure. L'article 586 nous donne une liste de ceux qui sont exclus :

"Sont incapables de succéder" :

1) celui qui n'est pas encore conçu.
2) L'enfant qui n'est pas né viable.
3) L'individu qui a encouru la perte des droits civils.

Art 588- Aussi sont indignes de succéder, et comme tels, exclus des successions :

1) Celui qui serait condamné pour avoir donné ou tenté de donner la mort au défunt ;
2) Celui qui avait porté contre le défunt une accusation capitale, jugée calomnieuse ;
3) L'héritier majeur qui, instruit du meurtre du défunt, ne l'aura pas dénoncé à la justice.

Le Code Civil classifie méthodiquement les différents ordres de successions, les successions attribuées aux descendants légitimes ou naturels, les successions accordées aux ascendants légitimes ou naturels et enfin les successions collatérales, légitimes ou naturelles.

D'après l'article 592, "Les successions sont déférées aux enfants et descendants du défunt, à ses ascendants et à ses parents collatéraux, dans l'ordre et d'après les règles ci-après déterminés."

L'article 543 nous explique clairement comment une succession doit se faire : "elle doit être divisée en deux parts égales à la mort des parents "la loi ne considère ni la nature, ni l'origine des biens, pour en régler la succession."

Toute succession, échue à des ascendants ou à des collatéraux, se divise en deux parts égales : l'une pour les parents de la ligne paternelle ; l'autre pour ceux de la ligne maternelle.

Les parents utérins ou consanguins ne sont pas exclus par les germains ; mais ils ne prennent part que dans leur ligne, sauf ce qui sera dit dans l'article 620 ; les germains prennent part dans les deux lignes. Il ne se fait aucune dévolution d'une ligne à l'autre, que lors qu'il ne se trouve aucun ascendant ni collatéral de l'une des deux lignes.

Le Code Civil examine encore avec plus de précision les divers degrés de parentés, et formule ces principes.

Art 596- La suite des degrés forme la ligne : on appelle ligne directe la suite des degrés entre personnes qui descendent l'une de l'autre ; ligne collatérale, la suite des degrés entre personnes qui ne descendent pas les unes des autres, mais qui descendent d'un auteur commun. On distingue la ligne directe, en ligne directe descendante et en ligne ascendante. La première est celle qui lie le chef avec ceux qui descendent de lui ; la deuxième est celle qui lie une personne avec ceux dont elle descend.

Art. 597- En ligne directe, on compte autant de degrés qu'il y a de générations entre les personnes : ainsi le fils est, à l'égard du père, au premier degré ; le petit fils, au second, et réciproquement du père et de l'aïeul, à l'égard des fils et petit-fils.

Art. 598- En ligne collatérale, les degrés se comptent par les générations, depuis l'un des parents jusque et non compris l'auteur commun, et depuis celui-ci jusqu'à l'autre parent. Ainsi deux frères sont au deuxième degré ; l'oncle et le neveu sont au troisième degré ; les cousins germains, au quatrième, ainsi de suite.

Le Code Civil continue son étude de la succession en analysant une phase de la succession qui est la représentation. Dans son article 599, il définit pour nous cette dernière. « La représentation est une fiction de la loi, dont l'effet est de faire entrer les représentants dans la place, dans le degré et dans les droits du représenté. »

L'article 600 nous indique comment la représentation doit se faire pour respecter le degré de différence dans la ligne directe des descendants. "La représentation a lieu à l'infini dans la ligne directe descendant. Elle est admise dans tous les cas, soit que les enfants du défunt concourent avec les descendants d'un enfant prédécédé, soit que tous les enfants du défunt étant mort avant lui, les descendants des dits enfants du défunt étant morts avant lui, les descendants des dits enfants se trouvent entre eux en degrés égaux ou inégaux."

De même, l'article 601 nous explique pourquoi la représentation ne peut se faire en faveur des ascendants. "La représentation n'a pas lieu en faveur des ascendants : le plus proche dans chacune des deux lignes, exclut toujours le plus éloigné."

L'article 602 de même, fait le point sur la représentation en ligne collatérale c'est à dire quand les frères et sœurs du défunt sont morts avant ce dernier. "En ligne collatérale, la représentation est admise en faveur des enfants et descendants des frères ou sœurs du défunt, soit qu'ils viennent à la succession concurremment avec les oncles ou tantes, soit que tous les frères et sœurs du défunt étant prédécédés, la succession se trouve dévolue à leurs descendants en degrés égaux ou inégaux."

Un point essentiel est formulé dans l'article 603 relatif à plusieurs branches de familles. "Dans tous les cas où la représentation est admise, le partage s'opère par souche : si une même souche a produit plusieurs branches, la subdivision se fait aussi par souche, dans chaque branche, et les membres de la même branche partagent entre eux par tête."

Dans les articles 605-626, suivants relatifs aux droits de succession, nous mentionnerons le droit de succession accordé aux descendants légitimes ou naturels, le droit accordé aux ascendants légitimes ou naturels, et enfin le droit des successions collatérales, soit légitimes, soit naturels. Nous verrons aussi que cette différence entre enfants légitimes et naturels avait alors des conséquences négatives sur la portion allouée aux enfants naturels légalement reconnus.

Art. 605- Les enfants légitimes ou leurs descendants succèdent à leurs père et mère, aïeuls, aïeules, ou autre ascendants, sans distinction de sexe ni de primogéniture, et encore qu'ils soient issus de différents mariages.

L'article 606 met en relief la négation des droits des enfants naturels s'ils ne sont pas reconnus. "Les enfants naturels n'héritent de leur père ou mère, ou de leurs ascendants naturels, qu'autant qu'ils ont été légalement reconnus. Ils n'héritent jamais des ascendants légitimes, de leur père ou mère."

Les articles 607 et 608 élucident comment doit se faire cette succession pour être légalement valable. Art. 607- Les enfants ou leurs descendants succèdent par égales portions et par tête, quand ils sont tous de la même série, au premier degré et appelés de leur chef : ils succèdent par souche, lors qu'ils viennent tous en partie par représentation.

Art. 608- "s'il y a concours de descendants légitimes et de descendants naturels, la part de l'enfant naturel devra toujours être le tiers de la part de l'enfant légitime. Pour opérer facilement le partage, il suffira de supposer le nombre des enfants légitimes triple de ce qu'il sera réellement, d'y ajouter celui des enfants naturels et de faire autant de parts égales qu'il sera censé alors y avoir d'enfants. Chaque enfant naturel prendra une part, chaque enfant légitime en prendra trois. L'article 609 au moins rend justice aux enfants naturels." "A défaut de descendants légitimes, la totalité de la succession appartient aux enfants naturels. "

Héritiers Sortis Des Lignes Ascendantes

Un segment très intéressant est celui des défunts qui n'ont pas d'héritiers dans la ligne descendante. Comment la loi remédie-t-elle à un tel cas ? Nous verrons que le législateur applique la loi de moitié pour établir un rapport de proportion sur les biens à distribuer. Lisons donc les articles 612 à 617. Art. 612- Si le défunt n'a laissé ni postérité, ni frère, ni sœur, ni descendant d'eux, la succession se divise par moitié entre les ascendants de la ligne paternelle et les ascendants de la ligne maternelle.

Art. 613- Les ascendants succèdent, à l'exclusion de tous autres, aux choses par eux données à leurs enfants ou descendants décédés sans postérité, lorsque les objets donnés se retrouvent en nature dans la succession. Si les objets ont été aliénés, les ascendants recueillent le prix qui peut être dû : Ils succèdent aussi à l'action en reprise que pouvait avoir le donataire.

Les articles 614-615 établissent comment le partage doit se faire dans le cas d'une personne décédée qui n'a pas d'héritiers mais dont les père et mère, ou bien des frères et sœurs ou des descendants de ces derniers sont encore vivants.

Art.614 Lorsque les père et mère d'une personne décédée sans postérité lui ont survécu, si elle a laissé des frères, sœurs, ou des descendants d'eux, la succession se divise en portions égales, dont la moitié seulement est déférée au père et à la mère, qui la partagent entre eux également. L'autre moitié appartient aux frères, sœurs ou descendants d'eux.

Art. 615- Dans le cas où la personne décédée sans postérité laisse des frères, sœurs, ou des descendants d'eux, si le père ou la mère est précédé, la portion qui lui aurait été dévolue, conformément au précédent article, se réunit à la moitié déférée aux frères, sœurs ou à leurs représentants.

Art. 616- La succession de l'enfant naturel, décédé sans postérité légitime ou naturelle, et sans frère, ni sœur naturels ni descendants d'eux, est dévolue au père ou à la mère qui l'a reconnu ; ou par moitié à tous les deux, s'il a été reconnu par l'un et par l'autre.

Art. 617- Les ascendants légitimes de l'enfant naturel même reconnu, n'ont aucun droit à sa succession. Du reste, les dispositions des articles 612, 613, 614, et 615 sont en tout applicables aux ascendants naturels venant à la succession de l'enfant naturel reconnu, soit seuls, soit avec des frères ou sœurs naturels reconnus, ou des descendants d'eux.

Enfin les articles 619 à 625 font le point sur les successions collatérales soit légitimes, soit naturelles. Ils analysent les degrés de parenté pour attribuer aux héritiers la part équitable qui leur revient. Lisons, pour voir quelle portion est attribuée à un héritier dans l'une ou l'autre ligne. Art. 619- Si les père et mère de la personne décédée sans postérité lui ont survécu, ses frères, sœurs, ou leurs représentants, ne sont appelés qu'à la moitié de la succession. Si le père ou la mère seulement a survécu, ils sont appelés à recueillir les trois quarts.

Art. 620 - Le partage de la moitié ou des trois quarts dévolus aux frères et sœurs, aux termes de l'article précédent, s'opère entre eux par égales portions, s'ils sont tous du même lit; s'ils sont de lits différents, la division se fait par moitié entre les deux lignes paternelle et maternelle du défunt; les germains prennent part dans les deux lignes, et les utérins et consanguins chacun dans leur ligne seulement: s'il n'y a de frères ou sœurs que d'un côté, ils succèdent à la totalité à l'exclusion de tous autres parents de l'autre ligne.

Art. 621- A défaut des frères ou de sœurs, ou de descendants d'eux, et à défaut d'ascendants dans l'une ou l'autre ligne, la succession est déférée pour moitié aux survivants, et pour l'autre moitié, aux parents les plus proches de l'autre ligne. S'il y a concours de parents, collatéraux au même degré, ils partagent par tête.

Art .622- Dans le cas de l'article précédent, le père ou la mère survivant, a l'usufruit du tiers des biens auxquels il ne succède pas en propriété.

Art. 623- Les parents au delà du sixième degré, ne succèdent pas. A défaut de parents au degré successible dans une ligne, les parents de l'autre ligne succèdent pour le tout.

Art. 624- L'enfant naturel même reconnu n'a aucun droit à la succession des collatéraux légitimes de ses père ou mère ; et réciproquement ces collatéraux ; n'ont aucun droit à sa succession.

Art. 625- En cas de prédécès des père et mère d'un enfant naturel, décédé sans postérité, mais laissant des frères ou sœurs, les biens qu'il avait reçus de ses père ou mère, passent à ses frères et sœurs légitimes. S'ils se retrouvent en nature dans la succession; les actions en reprise, s'il en existe, ou le prix de ces biens aliénés, s'il est encore dû en tout ou en partie, retournent également aux frères et sœurs légitimes. Tous les autres biens passent aux frères et sœurs naturels, légalement reconnus, ou à leurs descendants.

Chapitre IV

Droit Du Conjoint Survivant, De L'Acceptation Et De La Renonciation Aux Successions

Dans ce chapitre, nous examinerons dans un premier temps, les Droits du Dernier Conjoint Survivant et de l'État, de l' Acceptation , de la Répudiation, et de La Renonciation aux Successions. Finalement, nous examinerons aussi l'inventaire des biens échus à un héritier, ses effets, les obligations de l'héritier bénéficiaire, et des successions vacantes.

Avant de rapporter ces articles, nous aimerions éclaircir quelques points brumeux sur les droits du dernier des survivants et de l'État. Lorsqu'un propriétaire meurt sans laisser de parents ni du côté des ascendants ni du côté, des descendants ses biens tombent dans les mains de l'État. Cependant, s'il y a un seul survivant, il a droit de préséance sur l'État. Il sera à sa charge de prouver qu'il est le bénéficiaire. Il devra faire apposer les scellés sur la propriété et réclamer un inventaire en bonne et due forme.

Les articles 628-632 prouvent ce point.

Art. 628- A défaut du conjoint survivant, la succession est acquise à l'État.

Art. 629- Le conjoint survivant et l'administration des domaines qui prétendent droit à la succession, sont tenus de faire apposer les scellés, et de faire faire inventaire dans les formes prescrites pour l'acceptation des successions sous bénéfice d'inventaire.

La liste des actions à entreprendre continue :

Art. 630- Ils doivent demander l'envoi en possession au tribunal civil dans le ressort duquel la succession est ouverte. Le tribunal ne peut statuer sur la demande qu'après trois publications et affiches dans les formes usitées, et après avoir entendu le Ministère Public.

Art. 631- L'époux survivant est encore tenu de faire emploi du mobilier ou de donner caution suffisante pour en assurer la restitution, au cas où il se présenterait des héritiers du défunt, dans l'intervalle de trois ans ; après ce délai, la caution est déchargée.

Finalement, l'article 632 énonce les conséquences à subir au cas où la loi n'a pas été appliquée.

Art.632- L'époux survivant ou l'administration des domaines qui n'auraient pas rempli les formalités qui leur sont respectivement prescrites, pourront être condamnés aux dommages et intérêts envers les héritiers s'il s'en représente.

Un autre volet d'une succession est de savoir si on l'accepte ou ne l'accepte pas. Selon l'article 633, Une succession peut être acceptée purement et simplement ou sous bénéfice d'inventaire. Plus loin, le Code Civil nous éclaire : Nul n'est tenu d'accepter une succession qui lui est échue. Dans l'article 635 nous verrons qui ne peut pas accepter une succession : "a) Les femmes mariées ne peuvent valablement accepter une succession, sans l'autorisation de leur mari ou celle de la justice. b) Les successions échues aux mineurs et aux interdits, ne pourront être valablement acceptées que conformément aux dispositions de la loi No 9 sur la minorité, la tutelle et l'émancipation."

Ensuite, le Code Civil nous parle des formes de l'acceptation dans ses articles 637-638, 640,641, 642.

Art.637-L'acceptation peut être expresse ou tacite: elle est expresse, quand on prend le titre ou la qualité d'héritier dans un acte authentique ou privé; elle est tacite, quand l'héritier fait un acte qui suppose nécessairement son intention d'accepter, et qu'il n'aurait droit de faire qu'en sa qualité d'héritier.

Art 638- Les actes purement conservatoires, de surveillance et d'administration provisoire, ne sont pas des actes d'addition d'hérédité, si l'on n'y a pas pris le titre ou la qualité d'héritier.

Art. 640- Lorsque celui à qui une succession est échue, est décédé sans l'avoir acceptée ou répudiée expressément ou tacitement, ses héritiers peuvent l'accepter ou la répudier de son chef.

Art. 641- Si ses héritiers ne sont pas d'accord pour accepter ou pour répudier la succession, elle doit être acceptée sous bénéfice d'inventaire.

Art. 642- Le majeur ne peut attaquer l'acceptation expresse ou tacite qu'il a faite d'une succession, que dans le cas où cette acceptation aurait été la suite d'un dol pratiqué envers lui : il ne peut jamais réclamer sous prétexte de lésion, excepté seulement dans le cas où la succession se trouverait absorbée ou diminuée de plus de moitié, par la découverte d'un testament qui était inconnu au moment de l'acceptation.

Le deuxième volet d'une succession est la renonciation. Le Code Civil intervient en son article 643 et insère cette clause : "La renonciation à une succession ne se présume pas ; elle ne peut plus être faite qu'au greffe du tribunal civil dans le ressort duquel la succession s'est ouverte, sur un registre particulier tenu à cet effet.

La renonciation entraine parfois une augmentation dans le lot qui revient à un ou des cohéritiers. Les créanciers peuvent être aussi autorisés à jouir de ce privilège.'

Art. 645- La part du renonçant accroît à ses cohéritiers ; s'il est seul, elle est dévolue au degré subséquent.

Art. 646- On ne vient jamais par représentation d'un héritier qui a renoncé : si le renonçant est le seul héritier de son degré, ou si tous ses cohéritiers renoncent avec lui, les enfants viennent de leur chef et succèdent par tête.

Art.647- Les créanciers de celui qui renonce au préjudice de leurs droits, peuvent se faire autoriser, en justice, à accepter la succession du chef de leur débiteur, en son lieu et place. Dans ce cas, la renonciation n'est annulée qu'en faveur des créanciers et jusqu'à concurrence seulement de leurs créances ; elle ne l'est pas au profit de l'héritier qui a renoncé.

Le temps maximum pour accepter ou répudier une succession est de vingt ans. L'article 649 intervient et formule une opinion sur la prescription. "Tant que la prescription du droit d'accepter n'est pas acquise contre les héritiers qui ont renoncé, ils ont la faculté d'accepter encore la succession, si elle n'a pas déjà été acceptée par d'autres héritiers; sans préjudice néanmoins des droits qui peuvent être acquis à des tiers sur les biens de la succession, soit par prescription, soit par actes valablement faits avec le curateur à la succession vacante."

Le dernier volet d'une succession est celui qui peut se faire sous bénéfice d'inventaire. Dans cette optique, nous parlerons aussi des effets et des obligations de l'héritier bénéficiaire. Quand un héritier a renoncé à une succession, les biens de la succession peuvent être accordés à un autre héritier sous bénéfice d'inventaire. L'article 652 est très descriptif. "La déclaration d'un héritier qu'il n'entend prendre cette qualité que sous bénéfice d'inventaire, doit être faite au greffe du tribunal civil, dans le ressort duquel la succession s'est ouverte : elle doit être inscrite sur le registre destiné à recevoir les actes de renonciation."

L'article 653 capture l'effet de cette déclaration. Cette déclaration n'a d'effet, qu'autant qu'elle est précédée ou suivie d'un inventaire fidèle et exact des biens de la succession, dans les formes réglées par les lois sur la procédure, et dans les délais qui seront ci- après déterminés.

Les articles 654, 656, 657, 658, 659- mentionnent ces délais et obligations. L'héritier a trois mois pour faire inventaire, à compter du jour de l'ouverture de la succession. Il a de plus, pour délibérer sur son acceptation ou sur sa renonciation, un délai de quarante jours, qui commencent à courir du jour de l'expiration des trois mois donnés pour l'inventaire, ou du jour de la clôture de l'inventaire, s'il a été terminé avant les trois mois.

Art. 656-Pendant la durée des délais pour faire un inventaire et pour délibérer, l'héritier ne peut être contraint à prendre qualité, et il ne peut être obtenu contre lui de condamnation ; s'il renonce lorsque les délais sont expirés, ou avant, les frais, par lui faits légitimement jusqu'à cette époque, sont à la charge de la succession.

Art. 657- Après l'expiration des délais ci-dessus, l'héritier, en cas de poursuite dirigée contre lui, peut demander un nouveau délai, que le tribunal saisi de la contestation accorde ou refuse suivant les circonstances.

Art. 658- Les frais de poursuite, dans le cas de l'article précédent, sont à la charge de la succession, si l'héritier justifie, ou qu'il n'avait pas eu connaissance du décès, ou que les délais ont été insuffisants, soit à raison de la situation des biens, soit à raison des contestations survenues; s'il n'en justifie pas, les frais restent à charge personnelle.

Art.659- L'héritier conserve néanmoins, après l'expiration des délais accordés par l'article 654, même de ceux donnés par le juge, conformément à l'article 657, la faculté de faire encore inventaire, et de se porter héritier bénéficiaire, s'il n'a pas fait d'ailleurs acte d'héritier, ou s'il n'existe pas contre lui de jugement passé en force de chose jugée, qui le condamne en qualité d'héritier pur et simple.

Devoirs Et Obligations D'un Héritier Bénéficiaire

Le President Borno Sortant du palais Législatif en 1922 après son investiture.

Les articles suivants analysent les devoirs et obligations d'un héritier bénéficiaire Art.662- L'héritier bénéficiaire est chargé d'administrer les biens de la succession, et doit rendre compte de son administration aux créanciers et aux légataires. Il ne peut être contraint sur ses biens personnels, qu'après avoir été mis en demeure de présenter son compte, et faute d'avoir satisfait à cette obligation. Après l'apurement du compte, il ne peut être contraint sur ses biens personnels que jusqu'à concurrence seulement des sommes dont il se trouve reliquataire.

Art. 654- Il ne peut vendre les meubles de la succession que par le ministère d'un officier public, aux enchères, et après les publications accoutumées. S'il les représente en nature, il n'est tenu que de la dépréciation ou de la détérioration causée par sa négligence.

Art. 665- Il ne peut vendre les immeubles que dans les formes prescrites par les lois sur la procédure ; il est tenu d'en déléguer le prix aux créanciers hypothécaires qui se sont fait connaître.

Art. 666- Il est tenu, si les créanciers ou autres personnes intéressées l'exigent, de donner caution, bonne et solvable, de la valeur du mobilier compris dans l'inventaire, et de la portion du prix des immeubles non déléguée aux créanciers hypothécaires. Faute par lui de fournir cette caution, les meubles sont vendus et leur prix est déposé, ainsi que la portion non déléguée du prix des immeubles pour être employés à l'acquit des charges de la succession.

Art. 667- S'il a des créanciers opposants, l'héritier bénéficiaire ne peut payer que dans l'ordre et de la manière réglée par la justice. S'il n'y a pas de créanciers opposants, il paie les créanciers et les légataires à mesure qu'ils se présentent.

Art. 668- Les créanciers non opposants qui ne se présentent qu'après l'apurement du compte et le paiement du reliquat, n'ont le recours à exercer que contre les légataires. Dans l'un ou l'autre cas, le recours se prescrit par le laps de trois ans, à compter du jour de l'apurement du compte et du paiement du reliquat.

Le Code Civil prévoit des articles sur des successions non réclamées par un héritier connu. Ces successions seront déclarées vacantes et assignées à un curateur. Art. 670 Lorsqu' après l'expiration des délais pour faire inventaire et pour délibérer, il ne se présente personne qui réclame une succession, qu'il n'y a pas d'héritier connu, ou que les héritiers connus y ont renoncé, cette succession est réputée vacante.

Art. 671- Le tribunal civil, dans le ressort duquel elle est ouverte, nomme un curateur sur la demande des personnes intéressées, ou sur la réquisition du ministère public.

Art 672- Le curateur à une succession vacante, est tenu, avant tout, d'en faire constater l'état par un inventaire il en exerce et poursuit les droits; il répond aux demandes formées contre elle; il administre, sous la charge de faire verser le numéraire qui se trouve dans la succession, ainsi que les deniers provenant du prix des meubles ou immeubles vendus, dans la caisse du Trésor public, pour la conservation des droits des intéressés, et à la charge d'en rendre compte à qui il appartiendra.

Sur Le Partage D'une Succession

Ce volet se réfère au partage d'une succession et de ses formes. Il mentionne aussi le paiement des dettes d'une succession, les effets du partage et de la garantie des lots, et finalement la rescision en matière de partage.

De prime abord, l'article 674 pose le problème du partage dans sa totalité. Il nous dit que nul n'est censé rester dans l'indivision qui est un état de copropriété sans séparation équitable des lots. Voici ce que dit l'article : "Nul ne peut être contraint à demeurer dans l'indivision ; et le partage peut être toujours provoqué, nonobstant prohibitions et conventions contraires. On peut cependant convenir de suspendre le partage pendant un temps limité : cette convention ne peut être obligatoire au delà de cinq ans ; mais elle peut être renouvelée."

Art. 676- L'action en partage, à l'égard des cohéritiers mineurs ou interdits, peut être exercée par leurs tuteurs, spécialement autorisés par un conseil de famille, ou d'office par le ministère public. A l'égard des cohéritiers absents, l'action appartient aux parents envoyés en possession.

Art. 677- Le mari peut, sans le concours de sa femme provoquer le partage des objets, meubles ou immeubles à elle échus, qui tombent dans la communauté ; à l'égard des objets qui ne tombent pas en communauté ; le mari ne peut en provoquer le partage, sans le concours de sa femme ; il peut seulement, s'il a le droit de jouir de ces biens, demander un partage provisionnel. Les cohéritiers de la femme ne peuvent provoquer le partage définitif, qu'en mettant en cause le mari et la femme.

Dans le cas des héritiers vivants et majeurs, des créanciers, la loi leur donne le droit de recourir en justice pour suspendre un partage douteux et vicié.

Art. 678- Si tous les héritiers sont présents et majeurs, l'apposition de scellés sur les effets de la succession n'est pas nécessaire, et le partage peut être fait dans la forme et par tel acte que les parties intéressées jugent convenables. Si tous les héritiers ne sont pas présents, s'il y a parmi eux des mineurs ou des interdits, le scellé doit être apposé dans le plus bref délai, soit à la requête des héritiers, soit à la diligence du ministère public, soit d'office par le juge de paix dans la juridiction duquel la succession est ouverte.

Art. 679- Les créanciers peuvent aussi requérir l'apposition des scellés, en vertu d'un titre exécutoire ou d'une permission du doyen du tribunal civil.

Art. 680- Lorsque le scellé a été apposé, tous créanciers peuvent y former opposition, encore qu'ils n'aient ni titre exécutoire, ni permission du tribunal. Les formalités, pour la levée des scellés et la confection de l'inventaire, sont réglées par les lois sur la procédure.

En cas de contestations entre les héritiers, c'est le tribunal qui décidera sur les opérations de partage. S'il s'agit d'immeubles qui ne peuvent être partagés, on procédera à la vente aux enchères devant le tribunal. Ceci peut être vérifié dans les articles 682, 686.

Art. 682- Si l'un des cohéritiers refuse de consentir au partage ou s'il s'élève des contestations, soit sur le mode d'y procéder, soit sur la manière de le terminer, le tribunal prononce comme en matière sommaire, ou commet, s'il y a lieu, pour les opérations du partage, un des juges, sur le rapport duquel il décide les contestations. Art 686- Si les immeubles ne peuvent pas se partager commodément, il doit être procédé à la vente par licitation ; devant le tribunal. Cependant les parties, si elles sont toutes majeures, peuvent consentir que la licitation soit faite par devant un notaire sur le choix duquel elles s'accordent.

Toujours en relation avec les exigences et règles du partage, nous mentionnerons les articles 687 à 698 qui tracent les marches à suivre pour la finalité de cette procédure. Art. 687- Après que les meubles et immeubles ont été estimés et vendus s'il y a lieu, le juge commissaire renvoie les parties devant un notaire dont elles conviennent, ou nommé d'office, si les parties ne s'accordent pas sur le choix. On procède, devant cet officier, aux comptes que les copartageants peuvent se devoir, à la formation de la masse générale, à la composition des lots et aux fournissements à faire ă chacun des copartageants.

Art 688- Chaque cohéritier fait rapport à la masse des sommes dont il est débiteur. Si le rapport n'est pas fait en nature, les cohéritiers à qui il est dû prélèvent une somme ou une portion égale sur la masse de la succession.

Art.689- Après ces prélèvements, il est procédé sur ce qui reste dans la masse, à la composition d'autant de lots égaux qu'il y a d'héritiers copartageants, ou de souches copartageantes.

Art.690-Dans la formation et composition des lots, on doit éviter, autant que possible, de morceler les héritages et de diviser les exploitations ; et il convient de faire entrer dans chaque lot, s'il se peut, la même quantité de meubles, d'immeubles, de droits ou de créances de même nature et valeur.

Art.691- L'inégalité des lots en nature se compense par un retour, soit en rentes hypothéquées sur les immeubles, soit en argent.

Art.692- Les lots sont faits par l'un des cohéritiers, s'ils peuvent convenir entre eux sur le choix, et si celui qui a été choisi accepte la commission : dans le cas contraire, les lots sont faits par un expert que le juge commissaire désigne. Ils sont en suite tirés au sort.

Art.693- Avant de procéder au tirage des lots, chaque copartageant est admis à proposer ses réclamations contre leur formation.

Art. 694- Les règles établies pour la division des masses à partager, sont également observées dans la subdivision à faire entre les souches copartageantes.

Art. 695- Si dans les opérations renvoyées devant un notaire, il s'élève des contestations, le notaire dressera procès-verbal des difficultés et des dires respectifs des parties, et il les renverra devant le juge-commissaire nommé pour le partage ; au surplus, il sera procédé suivant les formes prescrites par les lois sur la procédure.

Art. 696- Si tous les cohéritiers ne sont pas présents, ou s'il y a parmi eux des interdits ou des mineurs, même émancipés, le partage doit être fait en justice, conformément aux règles prescrites par les articles 678 et suivants, jusque et compris l'article précédent. S'il y a plusieurs mineurs qui aient des intérêts opposés dans le partage, il doit leur être donné à chacun un tuteur particulier et spécial.

Art. 698- Les partages faits conformément aux règles ci-dessus prescrites soit par les tuteurs, avec l'autorisation d'un conseil de famille, soit par les mineurs émancipés, assistés de leurs curateurs, soit au nom des absents ou non présents, sont définitifs; ils ne sont que provisionnels, si les règles prescrites n'ont point été observées.

Art. 699-Toute personne, même parenté du défunt, qui n'est pas son successible, et à laquelle un cohéritier aurait cédé son droit à la succession, peut être écartée du partage, soit par tous les cohéritiers, soit par un seul, en lui remboursant le prix de la cession.

Enfin lorsque la procédure a été suivie textuellement dans la forme et dans le fond, le partage sera définitif.

Remboursement Et Paiement Des Dettes

Une section importante après le partage est celle du remboursement et du paiement des dettes. Quel est le personnage ou quels sont les personnages responsables des charges financiers du partage ? Jetons un coup d'œil sur ces articles ci dessous et voyons dans quelles circonstances un héritier ou cohéritier a la charge de remboursements des dettes.

Art.703- Lorsque des immeubles d'une succession sont grevés de rentes par hypothèque spéciale, chacun des cohéritiers peut exiger que les rentes soient remboursées, et les immeubles rendus libres, avant qu'il soit procédé à la formation des lots. Si les cohéritiers partagent la succession dans l'état où elle se trouve, l'immeuble grevé doit être estimé au même taux que les autres immeubles : il est fait déduction du capital de la rente sur le prix total ; l'héritier, dans le lot duquel tombe cet immeuble, demeure seul chargé du service de la rente, et il doit en garantir ses cohéritiers.

Art.704-Les héritiers sont tenus des dettes et charges de la succession, personnellement pour leur part et portion virile, et hypothécairement pour le tout ; sauf leurs recours, soit contre leurs cohéritiers, soit contre les légataires universels, à raison de la part pour laquelle ils doivent y contribuer.

Art. 705- Le légataire particulier qui a acquitté la dette dont l'immeuble légué était grevé, demeure subrogé aux droits du créancier, contre les héritiers et successeurs à titre universel.

Art.706- Le cohéritier ou successeur à titre universel, qui par l'effet de l'hypothèque, a payé au delà de sa part de la dette commune, n'a de recours contre les autres cohéritiers ou successeurs à titre universel, que pour la part que chacun d'eux doit personnellement en supporter, même dans le cas où le cohéritier qui a payé la dette, se serait fait subroger aux droits des créanciers; sans préjudice néanmoins des droits d'un cohéritier, qui, par l'effet du bénéfice d'inventaire aurait conservé la faculté de réclamer le paiement de sa créance, personnelle comme tout autre créancier.

Art.712- Les créanciers d'un copartageant, pour éviter que le partage ne soit fait en fraude de leurs droits, peuvent s'opposer à ce qu'il y soit procédé hors de leur présence ; ils ont le droit d'y intervenir à leurs frais ; mais ils ne peuvent attaquer un partage consommé, à moins toutefois qu'il n'y ait été procédé sans eux, et au préjudice d'une opposition qu'ils auraient formée.

De La Rescision

Une autre section captivante touche à l'action en rescision. La rescision est l'annulation d'un acte de partage pour vice de forme ou de fond. L'article 717 nous dit : "Les partages peuvent être rescindés pour cause de violence ou de dol.

Il peut aussi y avoir lieu à rescision, lorsqu'un des cohéritiers établit, à son préjudice, une lésion de plus du quart. La simple omission d'un objet de la succession ne donne pas ouverture à l'action en rescision, mais seulement à un supplément additionnel à l'acte de partage."

Art. 719- Le défendeur à la demande en rescision, peut en arrêter le cours et empêcher un nouveau partage, en offrant et en fournissant au demandeur le supplément de sa portion héréditaire, soit en numéraire, soit en nature.

Art.722- Le cohéritier qui a aliéné son lot en tout ou en partie, n'est plus recevable à intenter l'action en rescision pour dol ou violence, si l'aliénation qu'il a faite est postérieure à la découverte du dol ou à la cessation de la violence.

Forme De Donation/ Legs Universels, Particuliers

A ce stade de notre décodage, nous nous concentrons sur les dispositions générales et de la forme des donations entre vifs et les testaments, aux libéralités sur la portion de biens disponibles et de la réduction. Le Code Civil nous explique dans son article 723 comment se font les donations : "On ne pourra disposer de ses biens, à titre gratuit, que par donation entre vifs ou par testament."

Une donation est un acte par lequel une personne vivant, cède son droit de disposer de ses biens sans contre partie à une autre personne aussi vivant. Le code prévoit les cas ou une donation est associée à un contrat onéreux. Le Code Civil prévoit aussi les cas où elle est faite sous forme de testament en terre étrangère dans quel cas elle n'est pas valable.

Le Code Civil définit un testament comme suit dans son article 725. "Le testament est un acte par lequel le testateur dispose, pour le temps où il n'existera plus, de tout ou partie de ses biens, et qu'il peut révoquer."

Cependant, alors que le testateur peut faire ce qu'il veut de ses biens, le Code Civil l'empêche de faire des substitutions à l'égard de son légataire, l'héritier universel qui lègue un bien à un tiers après la mort de son légataire, sans lui avoir transmis la nue-propriété, pendant la vie de ce dernier Cas. Déc. 1910.

Les dispositions suivantes sont très judicieuses, explicatives et permutables en la matière.

Art. 728- La disposition par laquelle un tiers serait appelé à recueillir le don, l'hérédité ou le legs, dans le cas où le donataire, l'héritier institué ou le légataire ne le recueillerait pas, ne sera pas regardée comme une substitution, et sera valable.

Art. 729- Il en sera de même de la disposition entre vifs ou testamentaires par laquelle l'usufruit sera donné à l'un, et la nue-propriété à l'autre.

Un segment percutant sur la donation ou le testament entre vifs met l'accent sur la capacité de l'individu qui donne et celui qui reçoit.

L'article 731 spécifie : "Pour faire une donation entre vifs ou un testament, il faut être sain d'esprit. Le Code Civil mentionne aussi que le mineur de moins de seize ans ne peut disposer de ses biens." Cependant, l'article 734 fixe l'âge maximum à seize ans accomplis et est très restrictif : "Le mineur, parvenu à l'âge de seize ans, ne pourra disposer que par testament et jusqu'à concurrence seulement de la moitié des biens dont la loi permet au majeur de disposer."

Art.735-La femme mariée ne pourra donner entre vifs, sans l'assistance ou le consentement spécial de son mari, ou sans y être autorisée par la justice. Elle n'aura besoin ni du consentement du mari, ni d'autorisation de justice, pour disposer par testament.

Art.736-Pour être capable de recevoir entre vifs, il suffit d'être conçu au moment de la donation. Pour être capable de recevoir par testament, il suffit d'être conçu à l'époque du décès du testateur. Néanmoins, la donation ou le testament n'aura son effet qu'autant que l'enfant sera né viable.

Une autre restriction très formelle sur les transactions du mineur est soulevée dans l'article 737 : "Le mineur, quoique parvenu à l'âge de seize ans, ne pourra, même par testament, disposer au profit de son tuteur. Le mineur, devenu majeur, ne pourra disposer, soit par donation entre vifs, soit par testament, au profit de celui qui aura été son tuteur, si le compte définitif de la tutelle n'a été préalablement rendu et apuré." Sont exceptés, les deux cas ci- dessus, les ascendants des mineurs, qui ont été leurs tuteurs.

Art.738- Les docteurs en médecine ou en chirurgie, les officiers de santé et les pharmaciens qui auront traité une personne pendant la maladie dont elle meurt, ne pourront profiter des dispositions entre vifs et testamentaires qu'elle aurait faites en leur faveur pendant le cours de cette maladie. Sont exceptées : 1) les dispositions rémunératoires faites à titre particulier, eu égard aux facultés du disposant et aux services rendus ; 2) les dispositions universelles, dans le cas de parenté jusqu'au quatrième degré inclusivement, pourvu toutefois que le décédé n'ait point d'héritiers en ligne directe, à moins que celui au profit de qui la disposition a été faite, ne soit lui-même du nombre de ses héritiers. Les mêmes règles seront observées à l'égard des ministres du culte.

Art. 739-Toute disposition au profit d'un incapable, sera nulle, soit qu'on la déguise sous la forme d'un contrat onéreux, soit qu'on la fasse sous le nom de personnes interposées. Sont réputées personnes interposées, les père et mère, les enfants et descendants, et le conjoint de la personne incapable.

Cette série informatique se réfère à un décret loi du 22 mai 1843 pris par le gouvernement du président Rivière Hérard sur les libéralités, c'est à dire la quantité de biens disponibles et réductibles Les articles 741 et747 mentionnent ces décrets.

Décrets Lois

Art. 741- Les libéralités par acte entre vifs ne pourront excéder la quotité disponible fixée pour les libéralités par testament.

Art. 747 Les dispositions entre vifs qui excèderont la quotité disponible seront réductibles à cette quotité lors de l'ouverture de la succession.

L'article 742 élabore sur les libéralités faites aux enfants légitimes et les enfants naturels Quelles sont ces dispositions ?

"Les libéralités par testament ne pourront excéder la moitié des biens du disposant, s'il ne laisse à son décès qu'un enfant légitime ; le tiers, s'il en laisse deux enfants légitimes ; le quart, s'il en laisse trois ou un plus grand nombre.

S'il y a concours d'enfants légitimes et d'enfants naturels légalement reconnus, la réserve des enfants naturels ne diminuera en rien la portion disponible.

A défaut d'enfants légitimes, la réserve sera du tiers, s'il n'y a qu'un enfant naturel ; de la moitié, s'il y a deux enfants naturels ; et des deux tiers s'il y en a trois ou un plus grand nombre."

Art. 743- Sont compris, dans l'article 742, sous le nom d'enfants, les descendants en quelque degré que ce soit, néanmoins, ils ne sont comptés que pour l'enfant qu'ils représentent dans la succession du disposant.

Art. 744- Les libéralités par testament, ne pourront excéder la moitié des biens, si, à défaut d'enfants, le défunt laisse un ou plusieurs ascendants dans chacune des lignes paternelle et maternelle, et les trois quarts, s'il ne laisse d'ascendants que dans une ligne.

Les biens ainsi réservés au profit des ascendants, seront par eux recueillis dans l'ordre où la loi les appelle à succéder ; ils auront seuls droit à cette réserve, dans tous les cas où un partage en concurrence avec des collatéraux ne leur donnerait pas la quotité des biens à laquelle elle est fixée.

Art. 745- A défaut d'ascendants et de descendants, les libéralités testamentaires pourront épuiser la totalité des biens du disposant.

Art. 746- Si la disposition par acte testamentaire est d'un usufruit ou d'une rente viagère dont la valeur excède la quotité disponible, les héritiers au profit desquels la loi fait une réserve, auront l'option ou d'exécuter cette disposition, ou de faire l'abandon de la propriété de la quotité disponible.

Art. 748- Les dispositions à cause de mort qui excèderont la quotité disponible seront réductibles à cette quotité, lors de l'ouverture de la succession.

Art. 749- Néanmoins, dans tous les cas, où le testateur aura expressément déclaré qu'il entend que tel legs soit acquitté de préférence aux autres, cette préférence aura lieu, et le legs qui en sera l'objet, ne sera réduit qu'autant que la valeur des autres ne remplirait pas la réserve légale.

Ce volet séquentiel suivant étudie la procédure à suivre sur les donations entre vifs. Il continue d'élaborer sur le droit de donation et d'acceptation et de ses effets. Il parle aussi de quelques exceptions à la règle sur l'irrévocabilité des donations entre vifs et enfin quelques règles de nullité en la matière.

Il est de notoriété que tous les actes de donation entre vifs seront rédigés devant un notaire. Les articles 751, 752 suivants nous expliquent la procédure.

Art. 751- La donation entre vifs n'engagera le donateur et ne produira aucun effet que du jour qu'elle aura été acceptée en termes exprès.

Si l'acceptation n'a pas été faite dans l'acte même de donation, elle pourra être faite du vivant du donateur, par un acte postérieur et authentique, dont il restera minute ; mais alors la donation n'aura d'effet, à l'égard du donateur, que du jour où l'acte qui constatera cette acceptation lui aura été notifié.

Art. 752- Si le donataire est majeur, l'acceptation doit être faite par lui, ou en son nom par la personne fondée de sa procuration, portant pouvoir d'accepter la donation faite, ou un pouvoir général d'accepter les donations qui auraient été ou qui pourraient être faites. Cette procuration devra être passée devant notaire, et une expédition devra en être annexée à la minute de la donation, ou à la minute de l'acceptation qui sera faite par acte séparé.

Art. 756- Le sourd muet qui saura écrire, pourra accepter lui même, ou par un fondé de pouvoir. S'il ne sait pas écrire, l'acceptation doit être faite par un curateur nommé à cet effet suivant les règles établies en la loi sur la minorité, la tutelle, et l'émancipation.

Art. 758- Lorsqu'il y aura donation de biens susceptibles d'hypothèques, la transcription des actes contenant la donation et l'acceptation, ainsi que la notification de l'acceptation qui aurait eu lieu par acte séparé, devra être faite aux bureaux des hypothèques dans le ressort desquels les biens sont situés.

Art. 761- Les mineurs, les interdits et les femmes mariées, ne seront point restitués contre le défaut d'acceptation ou de transcription des donations, sauf leurs recours contre leurs tuteurs ou maris, s'il y échet, et sans que la restitution puisse avoir lieu, dans le cas même ou les dits tuteurs et maris se trouveraient insolvables.

Art 762- La donation entre vifs ne pourra comprendre que les biens présents du donateur, si elle comprend des biens à venir, elle sera nulle à cet égard.

Art. 763- Toute donation entre vifs faite sous des conditions dont l'exécution dépend de la seule volonté du donateur, sera nulle.

Art. 764- Elle sera pareillement nulle, si elle a été faite sans la condition d'acquitter d'autres dettes ou charges que celles qui existaient à l'époque de la donation, ou qui seraient exprimées, soit dans l'acte de donation, soit dans l'état qui devrait y être annexé.

Art 765- En cas que le donateur se soit réservé la liberté de disposer d'un effet compris dans la donation, ou d'une somme fixe sur les biens donnés, s'il meurt sans en avoir disposé, le dit effet ou la dite somme appartiendra aux héritiers du donateur, nonobstant toutes clauses et stipulations à ce contraire.

Art. 766- Tout acte de donation d'effets mobiliers, ne sera valable que pour les effets, dont un état estimatif, signé du donateur et du donataire, ou de ceux qui acceptent pour lui, aura été annexé à la minute de la donation.

Art. 767- Il est permis au donateur de faire la réserve à son profit ou de disposer au profit d'un autre, de la jouissance ou de l'usufruit des biens meubles ou immeubles donnés.

Art.768- Lorsque la donation d'effets mobiliers aura été faite avec réserve d'usufruit, le donataire sera tenu, à l'expiration de l'usufruit, de prendre les effets donnés qui se trouveront en nature, dans l'état où ils seront, et il aura action contre le donateur ou ses héritiers, pour raison des objets non existants, jusqu'à concurrence de la valeur qui leur aura été donnée dans l'état estimatif.

Art. 769- Le donateur pourra stipuler le droit de retour des objets donnés, soit pour le cas du prédécès du donataire seul, soit pour le cas du prédécès du donataire et de ses descendants. Ce droit, ne pourra être stipulé qu'au profit du donataire seul.

Art. 770- L'effet du droit de retour sera de résoudre toutes les aliénations des biens donnés, et de faire revenir ces biens au donateur, francs et quittes de toutes charges et hypothèques, sauf néanmoins l'hypothèque de la dot et des conventions matrimoniales, si les autres biens de l'époux donataire ne suffisent pas et dans le cas seulement où la donation lui aura été faite parle même contrat de mariage, duquel résultent ces droits et hypothèques.

Dans cette section, nous parlerons des exceptions à la règle de l'irrévocabilité des donations entre vifs. En général, tous les actes de donations entre vifs passés devant un notaire dans les formes légales seront réputés valides et irrévocables. Cependant, le Code Civil prévoit deux cas majeurs où cette règle peut être supprimée : 1) pour cause d'inexécution 2) pour cause d'attentat à la vie du donateur.

Les articles suivant 771 à 775 analysent les différents scénarios de révocation d' une donation . Art. 771- La donation entre vifs ne pourra être révoquée que pour cause d'inexécution des conditions sous lesquelles elle aura été faite, ou pour cause d'attentat par le donataire à la vie du donateur.

Art. 772- La révocation n'aura jamais lieu de plein droit.

Art. 773- Dans le cas de la révocation, pour cause d'inexécution des conditions, les biens rentreront dans les mains du donateur, libres de toutes charges et hypothèques du chef du donataire, et le donateur aura contre les tiers détenteurs des immeubles donnés, tous les droits qu'il aurait contre le donataire lui- même.

Art. 774- La demande en révocation pour cause d'attentat à la vie du donateur, devra être formée dans l'année, à compter du jour du délit imputé par le donateur au donataire, ou du jour que le délit aura pu être connu par le donateur. Cette révocation ne pourra être demandée par le donateur contre les héritiers du donataire, ni par les héritiers du donateur contre le donataire ; à moins que, dans ce dernier cas, l'action n'ait été déjà intentée par le donateur, ou qu'il ne soit décédé dans l'année du délit.

Art.775- La révocation pour cause d'attentat ne préjudiciera ni aux aliénations faites par le donataire, ni aux hypothèques et autres charges réelles qu'il aura pu imposer sur l'objet de la donation, pourvu que le tout soit antérieur à l'inscription qui aurait été faite de l'extrait de la demande en révocation, en marge de la transcription prescrite par l'art. 758.

Dans le cas de révocation, le donataire sera condamné à restituer la valeur des objets aliénés, eu égard au temps de la demande, et les fruits à compter du jour de cette demande.

Dans ce segment particulier, nous invoquerons quelques règles générales et particulières sur la forme des testaments et des restrictions de ces formes. L'article 776 nous dit : "Toute personne pourra disposer par testament soit sous le titre d'institution d'héritier, soit sous le titre de legs, soit sous toute autre dénomination propre à manifester sa volonté."

L'article 777 spécifie qu'un testament ne pourra être fait dans le même acte par deux ou plusieurs personnes, soit au profit d'un tiers, soit à titre de disposition réciproque et mutuelle. L'article 778 suggère la forme idéale pour la légalisation d'un testament. Un testament pourra être olographe, ou fait par acte public, ou dans la forme mystique.

Maintenant, il faut faire une distinction entre un testament mystique et un testament olographe. Un testament mystique est un testament rédigé par une tierce personne mais signé par le testateur en présence d'un témoin par devant un notaire. Un testament olographe est un testament conçu, écrit en entier et signé par le testateur. Il est noté dans Dalloz Recueil Périodique p. 98- 2.59. Le testament mystique doit être déclaré nul, pour insuffisance de scellés, alors que le papier qui le contenait, étant resté ouvert à ses deux extrémités, il est possible d'extraire le testament sans laisser de trace de cette opération. Toujours dans Dalloz p. 90 .2.357: Les additions marginales faites à un testament olographe doivent être datées et signées sous peine de nullité, lorsqu'elles sont postérieures au corps du testament et constituent non pas de simples causes explicatives ou interprétatives, mais des dispositions nouvelles et distinctes. Nous avons sept articles qui nous renseignent amplement sur les modalités d'un testament :

1) L'article 779 élabore sur le testament olographe. « Le testament olographe ne sera point valable, s'il n'est écrit en entier, daté et signé de la main du testateur ; il n'est assujetti à aucune autre forme. »
2) L'article 780 se concentre sur le testament par acte public. Le testament par acte public est celui qui est reçu par deux notaires, en présence de deux témoins, ou par un notaire, en présence de quatre témoins.
3) L'article 781 détermine le personnage nécessaire pour la réduction du document. Si le testament est reçu par deux notaires, il leur est dicté par le testateur, et il doit être écrit par l'un de ces notaires, tel qu'il est dicté. S'il n'y a qu'un notaire, il doit également être dicté par le testateur, et écrit par ce notaire. Dans l'un et l'autre cas, il doit être donné lecture au testateur en présence des témoins.
4) L'article 782 parle du droit de signature. Ce testament doit être signé par le testateur, s'il déclare qu'il ne sait ou ne peut pas signer, il sera fait dans l'acte mention expresse de sa déclaration, ainsi que la cause qui l'empêche de signer.
5) De même l'article 783 élabore sur la signature et détermine comment elle doit être faite dans les campagnes. Le testament devra être signé par les témoins : et néanmoins, dans les campagnes, il suffira qu'un des deux témoins signe, si le testament est reçu par deux notaires, et que deux des quatre témoins signent, s'il est reçu par un notaire.
6) L'article 784 établit les degrés de parenté pour être témoins du testament par acte public. Ne pourront être pris pour témoins du testament par acte public ni les légataires, à quelque titre qu'ils soient, ni leurs parents ou alliés jusqu'au quatrième degré inclusivement, ni les clercs des notaires par lesquels les actes seront reçus.
7) Finalement, l'article 785 traite du testament mystique. Lorsque le testateur voudra faire un testament mystique ou

secret, il sera tenu de signer ses dispositions soit qu'il les ait écrites lui- même, soit qu'il les ait fait écrire par un autre. Sera le papier qui contiendra ses dispositions, ou celui qui servira d'enveloppe, s'il y en a une, clos et scellé. Le testateur le présentera ainsi clos et scellé au notaire, et à six témoins au moins, ou il le fera clore et sceller en leur présence, et il déclarera que le contenu en ce papier est son testament écrit et signé de lui, ou écrit par un autre et signé de lui: le notaire en dressera l'acte de suscription, qui sera écrit sur ce papier, ou sur la feuille qui servira d'enveloppe; cet acte sera signé tant par le testateur que par le notaire, ensemble par tous les témoins. Tout ce que dessus sera fait de suite et sans divertir à autres actes ; et, en cas que le testateur, par un empêchement survenu depuis la signature du testament, ne puisse signer l'acte de suscription, il sera fait mention de la déclaration qu'il en aura faite, sans qu'il soit besoin, en ce cas, d'augmenter le nombre des témoins. En ce qui concerne les règles à suivre pour les testaments des militaires, pour les testaments faits sur mer, ou les testaments faits en pays étranger le Code Civil est très strict et formel en ses articles 790, 794, 796, 797, 798, 802,803, 805, 806.

1- Art. 790- Les testaments des militaires ou des individus employés dans les armées, pourront être reçus par un commissaire des guerres, ou un officier supérieur, en présence de deux témoins.
2- Art. 794- Les testaments faits sur mer, dans le cours d'un voyage, pourront être reçus, savoir : Abord des bâtiments de l'État, par l'officier commandant le bâtiment, ou à son défaut, par celui qui le supplée dans l'ordre du service, l'un ou l'autre conjointement avec le sous-préposé d'administration, ou avec celui qui en remplit les fonctions. Et à bord des bâtiments de commerce, par l'écrivain du navire, ou celui qui en fait les fonctions, l'un ou l'autre conjointement avec le capitaine, le maître ou le patron, ou, à leur défaut, par ceux qui les remplacent. Dans tous les cas, ces testaments devront être reçus en présence de deux témoins.

3- Art. 796- Dans tous les cas, il sera fait un double original des testaments mentionnés ci-dessus.

4- Art.797- Si le bâtiment aborde un port étranger, dans lequel se trouve un agent de la République, ceux qui auront reçu le testament, seront tenus de déposer l'un des originaux, clos ou cacheté, entre les mains de cet agent qui le fera parvenir au Secrétaire d'État ; et celui-ci au Grand Juge, qui en fera faire le dépôt au greffe de la justice de paix du lieu du domicile du testateur.

5- Art. 798- Au retour du bâtiment en Haïti, soit dans le port de l'armement, soit dans un port autre que celui de l'armement, les deux originaux du testament, également clos et cachetés, ou l'original qui resterait, si conformément à l'article précédent l'autre avait été déposé pendant le cours du voyage, seront remis au bureau de l'administrateur, lequel les fera passer sans délai au Secrétaire d'État, et celui-ci au Grand-Juge qui en ordonnera le dépôt.

6- Art. 800- Le testament ne sera point réputé fait en mer, quoiqu'il l'ait été dans le cours du voyage, si au temps où il a été fait, le navire avait abordé une terre étrangère, où il y aura un officier public haïtien ; auquel cas il ne sera valable qu'autant qu'il aura été dressé suivant les formes prescrites en Haïti, ou suivant celles usitées dans le pays où il aura été fait.

7- Art. 802- Le testament fait sur mer, en la forme prescrite par l'article 794, ne sera valable qu'autant que le testateur mourra en mer, ou dans les trois mois après qu'il sera descendu à terre, et dans un lieu où il aura pu le refaire dans les formes ordinaires.

8- Art. 803- Le testament fait sur mer ne pourra contenir aucune disposition au profit des officiers du bâtiment, s'ils ne sont parents du testateur.

9- Art. 805- Un Haïtien qui se trouvera en pays étranger, pourra faire ses dispositions testamentaires par un acte sous signature privée, ainsi qu'il est prescrit en l'article 779, ou par acte authentique, avec les formes usitées dans le lieu où cet acte sera passé.

10- Art. 806- Les testaments faits en pays étranger, ne pourront être exécutés sur les biens situés en Haïti, qu'après avoir été enregistrés au bureau du testateur, s'il en a conservé un, sinon, au bureau de son dernier domicile connu en Haïti ; et dans le cas où le testament contiendrait des dispositions d'immeubles qui y seraient situés, il devra être, en outre, enregistré au bureau de la situation de ces immeubles, sans qu'il puisse être exigé un double droit.

Legs Universels ,Particuliers Et Exécuteurs Testamentaires

Cette série mentionne une trilogie juridique qui souvent revient et se manifeste au soir de la vie d'une personne : des legs universels, particuliers, des Exécuteurs testamentaires. , Il est donc nécessaire de clarifier la notion de legs en général. Un legs est une disposition juridique, un point de droit qui peut être façonné de deux manières : 1) soit sous dénomination d'institution d'héritier 2) soit sous dénomination de legs. L'article 808 est très juste et cohérent. « Les dispositions testamentaires sont, universelles ou à titre universel, ou à titre particulier. Chacune de ces dispositions, soit qu'elle ait été faite sous la dénomination d'institution d'héritier, soit qu'elle ait été faite sous la dénomination de legs, produira son effet, suivant les règles ci-après établies pour les legs universels, pour les legs à titre universel, et pour les legs particuliers. » Nous avons une liste de ces articles sur les différents types de legs.

1- Art. 804- Le legs universel est la disposition testamentaire, par laquelle le testateur donne à une ou plusieurs personnes l'universalité des biens qu'il laissera à son décès.
2- Art. 810- Lorsqu'au décès du testateur, il y a des héritiers auxquels une quotité de ses biens est réservée par la loi, ces héritiers sont saisis de plein droit, par sa mort, de tous les biens de la succession ; et le légataire universel est tenu de leur demander la délivrance des biens compris dans le testament.
3- Art. 811- Néanmoins, dans les mêmes cas, le légataire universel aura la jouissance des biens compris dans le testament, à compter du jour du décès, si la demande en

délivrance a été faite dans l'année, depuis cette époque ; sinon, cette jouissance ne commencera que du jour de la demande formée en justice, ou du jour que la délivrance aurait été volontairement consentie.

4- Art. 812- Lorsqu'au décès du testateur, il n'y aura pas d'héritiers auxquels une quotité de ses biens soit réservée par la loi, le légataire universel sera saisi de plein droit, par la mort du testateur, sans être tenu de demander la délivrance.
5- Art. 814- Dans le cas de l'article 812, si le testament est olographe ou mystique, le légataire universel sera tenu de se faire envoyer en possession par une ordonnance du doyen, mise au bas d'une requête à laquelle sera joint l'acte de dépôt.
6- Art. 815- Le légataire universel qui sera en concours avec un héritier auquel la loi réserve une quotité des biens, sera tenu des dettes et charges de la succession du testateur, personnellement pour sa part et portion, et hypothécairement pour le tout ; et il sera tenu d'acquitter tous les legs, sauf le cas de réduction, ainsi qu'il est expliqué aux articles 748 et 749.

Autour Des Legs

Pour éviter une confusion entre les différentes formes de legs, nous vous dirons sans ambages qu'il y a une légère différence entre legs à titre universel et legs universel définis dans l'article 809. Le legs universel accorde la majorité des biens du testateur à un ou des héritiers, cependant le legs à titre universel accorde une fraction des biens seulement. Pour plus de clarification, jetons un coup d'œil sur les articles 816 à 818.

1- Art. 816- Le legs à titre universel, est celui par lequel le testateur lègue une quote-part des biens dont la loi lui permet de disposer, telle qu'une moitié, un tiers, ou tous ses immeubles, ou tout son mobilier, ou une quotité fixe de tous ses immeubles, ou de tout son mobilier. Tout autre legs ne forme qu'une disposition à titre particulier.
2- Art. 817- Les légataires à titre universel seront tenus de demander la délivrance aux héritiers auxquels une quotité

des biens est réservée par la loi ; à leur défaut, aux légataires universels ; et à défaut, aux légataires universels ; et, à défaut de ceux-ci, aux héritiers appelés dans l'ordre établi en la loi No.16, sur les successions. C.civ 494, 583, 584, 592.

3- Art. 818- Le légataire à titre universel sera tenu, comme le légataire universel, des dettes et charges de la succession du testateur, personnellement pour sa part et portion, et hypothécairement pour le tout.

Finalement, nous analyserons les legs particuliers qui sont des legs spéciaux, ces legs sont transmissibles. Ils peuvent être légués aux héritiers du testateur, et à d'autres héritiers suivant la ligne ascendante ou descendante et selon la forme prévue par la loi et enfin des frais et autres charges consenties durant ces legs. L'article 819 du Code Civil nous donne une idée, et les articles 820 à 830 élaborent exhaustivement sur le sujet.

1- Art. 819- Lorsque le testateur n'aura disposé que d'une quotité de la portion disponible, et qu'il l'aura fait à titre universel, ce légataire sera tenu d'acquitter les legs particuliers par contribution avec les héritiers.
2- Art. 820- Tout legs pur et simple donnera au légataire, du jour du décès du testateur, un droit à la chose léguée, droit transmissible à ses héritiers ou ayants-cause. Néanmoins, le légataire particulier ne pourra se mettre en possession de la chose léguée, ni en prétendre les fruits ou intérêts, qu'à compter du jour de sa demande en délivrance, formée suivant l'ordre établi par l'art.817, ou du jour auquel cette délivrance lui aurait été volontairement consentie.
3- Art. 821- Les intérêts ou fruits de la chose léguée, courront, au profit du légataire, dès le jour du décès, et sans qu'il ait formé sa demande en justice a) Lorsque le testateur aura expressément déclaré sa volonté, à cet égard, dans le testament. b) Lorsqu'une rente viagère ou une pension aura été léguée à titre d'aliments.
4- Art. 822- Les frais de la demande en délivrance, seront à la charge de la succession, sans néanmoins qu'il puisse en résulter de réduction de la réserve légale. Les droits d'enregistrement seront dus par le légataire. Le tout, s'il n'en a été autrement ordonné par le testament. Chaque

legs pourra être enregistré séparément, sans que cet enregistrement puisse profiter à aucun autre qu'au légataire ou à ses ayants-cause.

5- Art.823- Les héritiers du testateur, ou autres débiteurs d'un legs, seront personnellement tenus de l'acquitter, chacun au prorata de la part et portion dont ils profiteront dans la succession.
6- Art. 825- Lorsque celui qui a légué la propriété d'un immeuble, l'a ensuite augmentée par des acquisitions, ces acquisitions fussent-elles contigües, ne seront pas censées, sans une nouvelle disposition, faire partie du legs. Il en sera autrement des embellissements, ou des constructions nouvelles faites sur le fonds légué, ou d'un enclos dont le testateur aurait augmenté l'enceinte.
7- Art. 826- Si, avant le testament ou depuis, la chose léguée a été hypothéquée pour une dette de la succession, ou même pour la dette d'un tiers, ou si elle est grevée d'un usufruit, celui qui doit acquitter le legs n'est point tenu de l' en purger, à moins qu'il n'ait été chargé de le faire par une disposition expresse du testateur.
8- Art. 830- Le légataire à titre particulier ne sera point tenu des dettes de la succession, sauf la réduction du legs, et sauf l'action hypothécaire des créanciers.

En outre, un important aspect d'un testament, est la coordination des volontés ultimes du testateur. Il peut nommer un ou plusieurs exécuteurs testamentaires. Art. 831. D'un autre côté, un testament peut devenir caduc et par conséquent être révoqué, De plus, nous ajoutons pour nos lecteurs une liste d'articles sur les testaments qui est très adéquate et explicative.

1- Art. 841- Les testaments ne pourront être révoqués, en tout ou en partie, que par un testament postérieur, ou par un acte devant notaire, portant déclaration de changement de volonté.
2- Art. 832- Il (le testateur) pourra leur donner la saisine (prise de possession) du tout ou seulement d'une partie de son mobilier, mais elle ne pourra durer au delà de l'an et jour, à compter de son décès. S'il ne leur a pas donnée, ils ne pourront l'exiger.

3- Art. 833- L'héritier pourra faire cesser la saisine, en offrant de remettre aux exécuteurs testamentaires une somme suffisante pour le paiement des legs mobiliers, ou en justifiant de ce paiement.
4- Art. 836- Le mineur ne pourra être exécuteur testamentaire, même avec l'autorisation de son curateur ou tuteur.

La mission d'un exécuteur testamentaire peut être résumée en cinq points détaillés dans l'article 837 : 1) "Les exécuteurs testamentaires feront apposer les scellés, s'il y a des héritiers mineurs, interdits ou absents.

2) Ils feront faire, en présence de l'héritier présomptif, ou lui dûment appelé, l'inventaire des biens de la succession.
3) Ils provoqueront la vente du mobilier, à défaut de deniers suffisants pour acquitter les legs.
4) Ils veilleront à ce que le testament soit exécuté, et ils pourront, en cas de contestation sur son exécution, intervenir pour en soutenir la validité.
5) Ils devront à l'expiration de l'année du décès du testateur, rendre compte de leur gestion."

Faisant suite à la caducité d'un testament, il faut analyser l'intention du testateur et pour cela, une révision des articles ci-dessous nous informera.

1- Art. 845- Toute disposition testamentaire sera caduque, si celui en faveur de qui elle est faite n'a pas survécu au testateur.
2- Art. 846- Toute disposition testamentaire faite sous une condition dépendante d'un évènement incertain, et telle que, dans l'intention du testateur, cette disposition ne doit être exécutée qu'autant que l'évènement arrivera ou n'arrivera pas, sera caduque, si l'héritier institué ou le légataire décédé avant l'accomplissement de la condition.
3- Art. 847- La condition qui, dans l'intention du testateur, ne fait que suspendre l'exécution de la disposition, n'empêchera pas l'héritier institué ou le légataire, d'avoir acquis et transmissible à ses héritiers.
4- Art. 848- Le legs sera caduc, si la chose léguée a totalement péri pendant la vie du testateur. Il en sera de

même, si elle a péri, depuis sa mort, sans le fait et la faute de l'héritier, quoique celui- ci ait été mis en retard de la délivrance, lors qu'elle eut également dû périr entre les mains du légataire.

5- Art. 849- La disposition testamentaire sera caduque, lorsque l'héritier institué ou le légataire la répudiera ou se trouvera incapable de la recueillir.

De même qu'il y a caducité ou inefficacité, il peut y avoir aussi accroissement à l'endroit des légataires. Accroissement ou augmentation peut avoir lieu même si la chose léguée est divisible par exemple, l'argent. Examinons donc les articles 850 et 851.

1- Art. 850- Il y aura lieu à accroissement au profit des légataires, dans le cas où le legs sera fait à plusieurs conjointement. Le legs sera réputé fait conjointement, lorsqu'il le sera par une seule et même disposition, et que le testateur n'aura pas assigné la part de chacun des colégataires dans la chose léguée.
2- Art. 851- Il sera encore réputé fait conjointement, quand une chose qui n'est pas susceptible d'être divisée sans détérioration, aura été donnée par le même acte à plusieurs personnes, même séparément.

Une étude des dispositions et règles à suivre pour une succession faite en faveur des petits enfants d'un donateur ou testateur ou des enfants de ses frères et sœurs, nous révélera la profondeur des idées du législateur. Les petits enfants ici mentionnés peuvent être nés ou à naitre. Passons donc en revue quelques articles, d'après nous, appropriés et pertinents en la matière.

1- Art. 853- Les pères et mères auront la faculté de disposer, par acte entre vifs ou testamentaire de tout ou partie de leurs biens en faveur d'un ou de plusieurs de leurs enfants, à la charge de rendre ces biens aux enfants nés et à naître, au premier degré seulement, des dits donataires.
2- Art. 854- Sera valable la disposition que le défunt aura faite par acte entre vifs ou testamentaire, au profit d'un ou de plusieurs de ses frères ou sœurs, de tout ou partie de ses biens, avec la charge de les rendre aux enfants nés et à

naître, au premier degré seulement, des dits frères ou sœurs donataires.

3- Art .858 - Si l'enfant, le frère ou la sœur auxquels des biens auraient été donnés par acte entre vifs, sans charge de restitution, acceptant une nouvelle libéralité, faite par un acte entre vifs ou testamentaire, sous la condition que les biens précédemment donnés demeureront grevés de cette charge, il ne leur est plus permis de diviser les deux dispositions faites à leur profit, et de renoncer à la seconde pour s'en tenir à la première, quand même ils offriraient de rendre les biens compris dans la seconde disposition.

Biens Frappés De Substitution/ Devoirs des Grevés Ayant Droits

1) Tribunal Du Nord où votre serviteur et feu Maitre Arnold Siclait ont débuté comme avocats stagiaires.
2) La Banque Commerciale Propriété de Me Clémard J. Charles.

Ici, nous mentionnerons les biens frappés de substitution, le recours des appelés, le devoir et compte rendus des grevés, aux ayants droits, et finalement le défaut de transcription qui ne peut pas être utilisé contre les appelés. Les articles suivant examinent les différents aspects de ce sujet.

1- Art. 859- Les droits des appelés seront ouverts à l'époque où, par quelque cause que ce soit, la jouissance de l'enfant, du frère ou de la sœur grevés de restitution, cessera : l'abandon anticipé de la jouissance au profit des appelés ne pourra préjudicier aux créanciers du grevé antérieurs à l'abandon.

2- Art. 860- Les femmes des grevés ne pourront avoir, sur les biens à rendre, de recours subsidiaire, en cas d'insuffisance des biens libres, que pour le capital des deniers dotaux, et dans le cas seulement où le testateur l'aurait expressément ordonné.
3- Art.861. Celui qui fera les dispositions autorisées par les articles précédents pourra, par le même acte ou par un acte postérieur, en forme authentique, nommer un tuteur chargé de l'exécution de cette disposition : ce tuteur ne pourra être dispensé que pour une des causes exprimées au chapitre III de la loi No. 9 sur la minorité ; la tutelle, et l'émancipation. C. Civ 350 et suivant 361, 724, 725, 880.
4- Art. 862- À défaut de ce tuteur, il en sera nommé un à la diligence du grevé, ou de son tuteur, s'il est mineur, dans le délai d'un mois, à compter du jour du décès du donateur ou testateur, ou du jour que, depuis cette mort, l'acte contenant la disposition aura été connu.
5- Art. 863- Le grevé qui n'aura pas satisfait à l'article précédent, sera déchu du bénéfice de la disposition ; et dans ce cas, pourra être déclaré ouvert au profit des appelés, à la diligence du ministère public près le tribunal du lieu où la succession est ouverte.
6- Art. 864- Après le décès de celui qui aura disposé à la charge de restitution, il sera procédé, dans les formes ordinaires, à l'inventaire de tous les biens et effets qui composeront la succession, excepté néanmoins le cas où il ne s'agirait que d'un legs particulier.
7- Art. 865- Cet inventaire contiendra la prisée à juste prix des immeubles et effets mobiliers. Il sera fait à la requête du grevé de restitution, et dans le délai fixé par la loi No. 16 sur les successions en présence du tuteur nommé pour l'exécution. Les frais seront pris sur les biens compris dans la disposition.
8- Art. 870- Les bestiaux et ustensiles servant à faire valoir les terres, seront censés compris dans les donations entre vifs ou testamentaires des dites terres ; et le grevé sera

tenu seulement de les faire priser et estimer, pour en rendre une égale valeur lors de la restitution.

9- Art. 871- Il sera fait par le grevé, dans le délai de six mois, à compter du jour de la clôture de l'inventaire, un emploi des deniers comptants, de ceux provenant du prix des meubles et effets qui auront été vendus, et de ce qui aura été reçu des effets actifs.

10- Art. 873- Le grevé sera pareillement tenu de faire emploi des deniers provenant des effets actifs qui seront recouvrés et des remboursements de rentes ; et ce, dans trois mois, au plus tard, après qu'il aura reçu ces deniers.

11- Art. 876- Les dispositions par acte entre vifs ou testamentaires, à charge de restitution, seront à la diligence, soit du grevé, soit du tuteur nommé pour l'exécution, rendues publiques, savoir : quant aux immeubles, par la transcription des actes sur les registres du bureau des hypothèques du lieu de la situation, et, quant aux sommes colloquées avec privilège sur les immeubles, par l'inscription sur les biens affectés au privilège.

12- Art. 877- Le défaut de transcription de l'acte contenant la disposition, pourra être opposé par les créanciers et tiers acquéreurs, même aux mineurs et interdits, sauf le recours contre le grevé et contre le tuteur à l'exécution, et sans que les mineurs ou interdits puissent être restitués contre ce défaut de transcription, quand même le grevé et le tuteur se trouveraient insolvables.

13- Art. 878- Le défaut de transcription ne pourra être supplée ni regardé comme couvert par la connaissance que les créanciers ou les tiers acquéreurs pourraient avoir eue de la disposition par d'autres voies que celle de la transcription.

14- Art. 879- Les donataires, les légataires, ni même les héritiers de celui qui aura fait la disposition, ni pareillement leurs donataires, légataires ou héritiers, ne pourront, en aucun cas, opposer aux appelés le défaut de transcription ou inscription.

15- Art. 880- Le tuteur nommé pour l'exécution sera personnellement responsable, s'il ne s'est pas, en tout point, conformé aux règles ci-dessus établies pour constater les biens, pour la vente du mobilier pour l'emploi des deniers, pour la transcription et l'inscription et, en général, s'il n'a pas fait toutes les diligences nécessaires pour que la charge de restitution soit bien et fidèlement acquittée.

16- Art. 881- Si le grevé est mineur, il ne pourra, dans le cas même de l'insolvabilité de son tuteur, être restitué contre l'inexécution des règles qui lui sont prescrites par les articles ci-dessous. C. Civ 329, 361,761,861,863 et suivants, 877.

Autour Du Partage

Le point instructif et mirobolant de ce chapitre est le partage des biens immobiliers des parents entre leurs progénitures, ou entre leurs descendants. Le partage doit être fait par actes entre vifs ou testamentaires. Le partage sera nul s'il est inclus, des biens autres que ceux de l'ascendant. L'article 883 inclut une clause qui parle seulement des biens présents. "Ces partages pourront être faits par actes entre vifs ou testamentaires, avec les formalités, conditions et règles prescrites pour les donations entre vifs ou les testaments. Les partages faits par actes entre vifs, ne pourront avoir pour objet que les biens présents."

Une série d'articles sur le partage nous informe sur les conditions de nullité s'il n'est pas fait d'après l'esprit de la loi.

1- Art.885- Si le partage n'est pas fait entre tous les enfants qui existeront à l'époque du décès et les descendants de ceux prédécédés, le partage sera nul pour le tout.
2- Il en pourra être provoqué un nouveau, dans la forme légale, soit par les enfants ou descendants qui n'y auront reçu aucune part, ne soit même par ceux entre qui le partage aurait été fait.
3- Art. 886- Le partage fait par l'ascendant, pourra être attaqué pour cause de lésion de plus du quart ; il pourra l'être aussi dans le cas où résulterait du partage et des dispositions faites par préciput, que l'un des copartagés aurait un avantage plus grand que la loi ne permet.
4- Art. 887- L'enfant qui, par une des causes exprimées en l'article précédent, attaquera le partage fait par l'ascendant, devra faire l'avance des frais de l'estimation,

et il les supportera en définitive, ainsi que les dépenses de la contestation, si la réclamation n'est pas fondée.

Une autre série est celle faisant allusion aux donations faites aux époux et les enfants à naître par contrat de mariage et les dispositions entre les époux pendant le mariage ou par contrat de mariage. Nous aimerions ainsi clarifier la phraséologie « donations faites aux enfants à naître ». Il faut se référer à deux articles antérieurs 731,736 qui nous révèlent qu'il faut être sain d'esprit pour faire une donation entre vifs. De plus, il faut être capable pour le recevoir et aussi être conçu à l'époque du décès du testateur. Ces articles relatent une fois encore les conditions nécessaires pour faire une donation entre époux, les ascendants, descendants ou des enfants à naître.

Art. 889- Les père et mère, les autres ascendants, les parents collatéraux des époux, et même toutes autres personnes, pourront, par contrat de mariage, disposer de tout ou partie des biens qu'ils laisseront au jour de leur décès, tant au profit des dits époux, qu'au profit des enfants à naître de leur mariage, dans le cas où le donateur survivrait à l'époux donataire. Pareille disposition, quoi que faite au profit seulement des époux ou de l'un deux, sera toujours, dans le dit cas de survie du donateur, présumée faite au profit des enfants et descendants à naître du mariage.

1- Art. 894- Les époux pourront, par contrat de mariage, se faire réciproquement, ou l'un des deux à l'autre, telles donations qu'ils jugeront à propos, en se conformant aux règles ci-dessus prescrites. C Civ. 724 et suivants, 750 s. 771 s. 895, 896, 1173.
2- Art. 895- Le mineur ne pourra, par contrat de mariage, donner à l'autre époux, soit par donation simple, soit par donation réciproque, qu'avec le consentement et l'assistance de ceux dont le consentement est requis pour la validité de son mariage et avec le consentement, il pourra donner tout ce que la loi permet à l'époux majeur de donner à l'autre conjoint.

Art. 896- Les époux ne pourront, pendant le mariage, se faire, ni par acte entre vifs, ni par testament, aucune donation mutuelle et réciproque par un seul et même acte.

De La Validité Des Contrats

Nous analyserons maintenant l'importance et la validité des contrats ou des conventions conventionnelles par devant un tribunal. Un contrat d'après l'article 897, est une convention par laquelle une ou plusieurs personnes s'obligent, envers une ou plusieurs autres, à donner, à faire ou à ne pas faire quelque chose. Un contrat est une pièce à évidence, un document qui résume en termes juridiques la volonté d'une ou de plusieurs personnes à faire ou ne pas faire quelque chose. Sans un contrat bien expressif, il est difficile de convaincre le juge de la culpabilité de l'autre partie pour fraude ou vol. Il y a plusieurs types de contrats. Il peut être synallagmatique ou bilatéral, unilatéral, commutatif, aléatoire, de bienfaisance et à titre onéreux.

Pour qu'une convention soit valable, il faut quatre conditions:

a) Le consentement de la partie qui s'oblige. C.C. 904-914.

b) Sa capacité de contracter. C.C. 415-917.
c) Un objet certain qui forme la matière de l'engagement C.Civ 918-921.
d) Une cause licite dans l'obligation. C.C. 922-924.

Naturellement, à l'occasion d'un procès le juge procédera à la révision de la procédure sur le contrat pour voir si tout a été fait d'après la loi en la matière. Par exemple, il cherchera à voir si le consentement de l'une des parties n'a été donné sous contrainte, s'il n'a pas eu d'erreur sur la substance de la chose qui en est l'objet, s'il n'a pas eu de violence, ou dol. Tout contrat entaché de l'une de ces causes, sera déclaré nul.

Quand le tribunal après révision de la procédure sur les contentions, n'a pas trouvé d'erreur, il procédera à un jugement de maintient du contrat. Quelles que soient les clauses incluses dans ce contrat, on est tenu de les respecter pour ne pas tomber dans l'illégalité. Par exemple, les articles 927-929 parlent de l'effet des obligations envers les créanciers. Art. 927. L'obligation de donner emporte celle de livrer la chose et de la conserver jusqu'à la livraison, à peine de dommages intérêts envers le créancier. Art. 929- L'obligation de livrer la chose est parfaite par le seul consentement des parties contractantes. Elle rend le créancier propriétaire, et met la chose à ses risques dès l'instant où elle a dû être livrée, encore que la tradition n'en ait point été faite, à moins que le débiteur ne soit en demeure de la livrer ; auquel cas, la chose reste aux risques de ce dernier.

Plus loin, deux autres articles 931-932 sur les effets de l'obligation de donner ou de livrer un bien mobilier ou immobilier nous informent énormément sur la procédure.

1- Art. 931- Les effets de l'obligation de donner ou de livrer un immeuble sont réglés par la loi sur la vente et par celle sur les privilèges et les hypothèques. C Civ. 757, 760, 1368,1389-1409,1881,1933-1946, et 1949.
2- Art. 932- Si la chose qu'on s'est obligé de donner ou de livrer à deux personnes successivement, est purement mobilière, celle des deux qui en a été mise en possession réelle est préférée et en demeure propriétaire encore que son titre soit postérieur en date, pourvu toutefois que la possession, soit de bonne foi.

Obligation Du Débiteur

Cette série discute de l'obligation du débiteur de faire ou ne pas faire une transaction. En cas de non exécution, de cette transaction, ce débiteur sera condamné à des dommages-intérêts. Nous avons pour preuve deux articles : 936,937.

1- Art. 936- Les dommages-intérêts ne sont dus que lorsque le débiteur est en demeure de remplir son obligation, excepté néanmoins lorsque la chose que le débiteur s'était obligé de donner ou de faire, ne pouvait être donnée ou faite que dans un certain temps qu'il a laissé passer.
2- Art. 937- Le débiteur est condamné, s'il y a lieu, au paiement des dommages -intérêts, soit à raison de l'inexécution de l'obligation, soit à raison du retard dans l'inexécution, toutes les fois qu'il ne justifie pas que l'inexécution provient d'une cause étrangère qui ne peut lui être imputée encore qu'il n'y ait aucune mauvaise foi de sa part.

En cas de disputes ou de négations d'une convention, il revient au juge d'analyser et d'interpréter l'intention cachée des parties. En dernier ressort, le tribunal de cassation a le devoir de vérifier les termes utilisés par les parties en litige. Il est aussi du ressort du tribunal de Cassation d'analyser les constations de fait constatées pour voir si les premiers juges ont tiré des conclusions conformes à la loi.

A propos des obligations, nous nous contenterons de dire qu'il y a plusieurs types d'obligations. En effet, nous avons les obligations conditionnelles, les obligations à terme, les obligations alternatives, les obligations solidaires, les obligations divisibles et indivisibles et enfin les obligations avec clauses pénales.

1 – Maitre Arnold Siclait
2 – Maitre Fritz Guichard
3 – Maitre Reynold Nemorin
Après Notre Graduation à la Cour De Cassation

Les obligations finissent de plusieurs manières, D'après l'article 1021.

1) par le paiement,
2) par la novation,
3) par la remise volontaire,
4) par la compensation,
5) par la confusion,
6) par la perte de la chose,
7) par la nullité ou la rescision,
8) par l'effet de la condition résolutoire,
9) par la prescription qui fera l'objet d'une loi particulière.

Deux termes utilisés dans cette liste, méritent une clarification : « Novation et Compensation ». Une novation est une substitution nouvelle de titres de créance à l'ancienne. Ce titre peut être une personne en l'occurrence un ancien débiteur, ou un ancien créancier qui est remplacé par un nouveau. Le Code Civil en son article 1056 définit la novation de trois façons.

Art. 1056- La novation s'opère de trois manières :

1) Lorsque le débiteur contracte avec son créancier une nouvelle dette qui est substituée à l'ancienne, laquelle, est éteinte ;
2) Lorsqu'un nouveau débiteur est substitué à l'ancien, qui est déchargé par le créancier.
3) Lorsque, par l'effet d'un nouvel engagement, un nouveau créancier est substitué à l'ancien, envers lequel le débiteur se trouve déchargé.

L'autre terme "compensation" signifie l'extinction simultanée de deux dettes contractées par deux parties. Le Code Civil en son article 1,073 nous donne une idée exacte de sa vraie connotation. « Lorsque deux personnes se trouvent débitrices l'une envers l'autre, il s'opère entre elles une compensation qui éteint les deux dettes, de la manière et les cas ci-après exprimés. » C.Civ. 859,897,925,1021,1074, et suivants, 1404,1408,1535,1539,1619,1653,1856. Dans le cas d'une accumulation de titres, par exemple, entre créancier et débiteur, on atteint un état de confusion qui peut tourner à l'avantage du débiteur principal. Cependant, si la confusion est faite dans la personne du créancier, elle ne profite pas à l'avantage des codébiteurs.

L'article, 1086 fait le point : "La confusion qui s'opère dans la personne du débiteur principal, profite à ses cautions ; celle qui s'opère dans la personne de la caution, n'entraine point l'extinction de l'obligation principale ; celle qui s'opère dans la personne du créancier, ne profite à ses codébiteurs solidaires que pour la portion dont il était débiteur."

Il est des cas où la chose confiée est perdue. Le Code Civil clarifie cette clause : "l'obligation est éteinte si la chose perdue n'est pas la résultante d'une faute de la part du débiteur". De même lorsque le débiteur n'est pas chargé de cas fortuits, l'obligation est éteinte. Mais il reste à sa charge de prouver ces cas fortuits.

Nous arrivons maintenant à la fin de notre première mission d'identification et de décodage de certains articles de notre Code Civil. Dans la première partie, nous avons groupé tous les articles appartenant à la même série faisant partie de la même catégorie, en tout, quatre chapitres. Nous continuerons de faire le même travail dans la deuxième partie et nous ajouterons quelques termes d'exceptions. Ainsi nous espérons que, par cette discipline, le travail deviendra moins compliqué et plus abordable à un novice.

Deuxième Partie

Observations Générales

Dans la première partie, nous avons exposé et analysé les articles les plus usités et sollicités de notre système judiciaire. Nous avons souligné les amendements effectués dans la Constitution de 1918 par les occupants pour rendre cette constitution plus accessible aux étrangers et en particulier aux Américains. Nous avons partagé avec vous une citation du professeur Claude Moise dans son livre : Constitutions et Luttes de pouvoir en Haïti, sur la philosophie de quelques parlementaires de cette période, une antithèse. "Un national comité composé des députés Cauvin, Honoré Féry, Jacques Hyppolite et Lhérisson est chargé de préparer les bases et le cadre de la Constitution... Certains constituants stimulés par les rumeurs, prennent l'initiative, le 4 Octobre de soulever la question du statut des Blancs. Ils proposent que l'Assemblée déclare intouchables les articles 38 et 39 de la constitution de 1816 et que ces derniers soient reproduits tels quels dans la nouvelle Constitution. Rappelons que les articles font opposition à ce qu'aucun blanc ne puisse acquérir la nationalité haïtienne ni devenir propriétaire." [12]

Mais, les choses seront nettement différentes avec le contrôle et la manipulation du parlement sous l'égide du commandant Caperton. Nous avons pour preuve ce passage mentionné dans le second tome de « Constitutions et Luttes de pouvoir en Haïti »par Claude Moïse qui parait comme une anomalie et un accroc à notre souveraineté de peuple-"D'abord les corrections américaines "impérativement" suggérées sont ratifiées par l'article 5 qui écarte toutes les restrictions... "Désormais" le droit de propriété immobilière est accordé à l'étranger en Haïti et aux sociétés formées par des étrangers pour les besoins de leurs demeures, de leurs entreprises agricoles, commerciales, industrielles ou d'enseignement...toutes les constitutions haïtiennes d'avant l'occupation, à l'exception de celles de Christophe, maintiennent l'exclusion des étrangers du droit de propriété." [13]Nous avons aussi démontré que cette phase de notre histoire, quoique humiliante, avait ouvert la porte de la démocratie américaine qui à l'opposé de la démocratie européenne était plus dynamique et plus réaliste.

Poursuivant toujours notre objectif de motivation, d'instruction et de décodage de certains alinéas brumeux de notre Constitution pour nos compatriotes, principalement pour les étudiants de la Faculté de Droit et des Sciences Économiques, nous espérons avoir atteint cet objectif éducatif et instructif.

Chapitre V

Les articles que nous allons analyser maintenant font tous partie du répertoire et du jargon juridique de notre Code Civil. Nous commencerons avec l'un des vocables de ce répertoire : Le corps du délit, et la preuve de démontrer qu'une personne n'a pas exécuté une obligation, ce qui nous amène au premier article de cette série, l'article 1100.

De La Preuve Des Obligations Et Des Paiements

Cette preuve est fournie, par les articles 847,925, et articles 1100-1101.

Art. 1100- « Celui qui réclame l'exécution d'une obligation, doit la prouver. Réciproquement, celui qui se prétend libéré doit justifier le paiement ou le fait qui a produit l'extinction de son obligation. » Nous pouvons donc dire avec certitude que la partie demanderesse d'une action en justice pour le non paiement d'une obligation doit prouver par devant le tribunal les motifs du litige. L'avocat de la partie demanderesse a à sa disposition une série d'articles qui adresse ce sujet sous le Grand Titre Preuve Littérale que nous groupons en sept sous- titres. 1) Titre authentique 2) Acte sous seing privé 3) Des Tailles 4) Copies des Titres 5) Actes Récognitifs et Confirmatifs 6) Preuve testimoniale 7) Présomptions établies par la loi.

Titre Authentique

L'article 1102 définit ce titre en ces termes : "L'acte authentique est celui qui a été reçu par un officier public ayant droit d'instrumenter dans le lieu où l'acte a été rédigé et avec les solennités requises." Des articles additionnels se réfèrent au même sujet : Code Civil Art.897, 925, 1100, 1101,1103, et suivants, 1120. Code de Procédure Civil 469. L'acte authentique est donc une pièce à conviction reconnue par la loi. Dans le cas où l'acte n'est pas authentique, il sera considéré comme acte sous seing privé, signé des parties. L'article 1105 fait le point : "L'acte, soit authentique, soit sous seing privé, fait foi entre les parties, même de ce qui n'y est exprimé qu'en termes énonciatifs pourvu que l'énonciation ait un rapport direct à la disposition. Les énonciations étrangères à la disposition ne peuvent servir que d'un commencement de preuve. L'acte authentique ou sous seing privé ne sera pas considéré comme évidence s'il n'est pas rédigé d'après les dispositions conçues et acceptées par les parties." Durant une présentation devant le tribunal, on peut toujours discuter les faits et trouver un article approprié pour la circonstance.

L'article 1106 suivant nous parle des contre-lettres et leurs effets vis à vis des tiers.

Art 1106- Les contre - lettres ne peuvent avoir leur effet qu'entre les parties contractantes : elles n'ont point d'effet contre les tiers.

Acte Sous Seing Privé/Conventions Synallagmatiques

D'un autre côté, analysant les différents types de preuves admis au tribunal, nous avons un autre type qui est l'acte sous seing privé élucidé dans l'article 1107. "L'acte sous seing privé, reconnu par celui auquel on l'oppose, ou légalement tenu pour reconnu, a, entre ceux qui l'ont souscrit et entre leurs héritiers et ayants- cause, la même loi que l'acte authentique. Référence-897,914,925,1066,1068,1100,1102,1106,1108,1120,1367,1890.

Il faut aussi mentionné pour le lecteur qu'un acte sous seing privé est un acte fait entre deux parties sans la participation d'un officier public."

A l'occasion d'une dispute sur un faux en écriture, l'article 1108 signale que la partie signataire du document est obligée d'avouer ou de désavouer son écriture par devant le tribunal. Voici le contenu: "Celui auquel on oppose un acte sous seing privé, est obligé d'avouer ou de désavouer formellement son écriture ou sa signature. Ses héritiers ou ayants cause peuvent se contenter de déclarer qu'ils ne connaissent point l'écriture ou la signature de l'auteur. Code Civil 1107,1109, 584, et 914."

Après avoir statué sur le débat autour du vrai ou faux en signature, le tribunal ordonnera la vérification d'écritures. L'article 1109 fait la déduction suivante : "Dans le cas où la partie désavoue son écriture ou sa signature, et dans le cas où ses héritiers ou ayants-cause déclarent ne les point connaître, la vérification en est ordonnée en justice." L'article 1.110 mentionne les conventions synallagmatiques incluses dans les actes sous seing privé. Ce terme est employé pour mettre l'accent sur la réciprocité des obligations consenties entre deux parties. En voici le contenu : "Les actes sous seing privé qui contiennent des conventions synallagmatiques, ne sont valables qu'autant qu'ils ont été faits en autant d'originaux qu'il y a de parties ayant un intérêt distinct. Il suffit d'un original pour toutes les personnes ayant le même intérêt. Chaque original doit contenir la mention du nombre des originaux qui ont été faits. Néanmoins, le défaut de mention que les originaux ont été faits doubles, triples, etc.ne peut être opposé par celui qui a exécuté de sa part la convention portée dans l'acte."

Toujours nous référant aux actes sous seing privé, nous aimerions nous référer à quelques articles qui ont un caractère un peu compliqué et confus: Le billet ou la promesse, les registres et les livres des marchands.

Art 1.111- Le billet ou la promesse sous seing privé par lequel une partie s'engage envers l'autre à lui payer une somme d'argent ou une chose appréciable, doit être écrit en entier de la main de celui qui le souscrit, ou du moins, il faut qu'outre sa signature, il ait écrit de sa main un bon ou un approuvé, portant en toutes lettres la somme ou la quantité de la chose. Excepté dans le cas où l'acte émane de marchands, artisans, cultivateurs, gens de journée et de service.

Dans l'article 1.111, le législateur fait une disjonction quand il mentionne en plus de la signature du billet, qu' il faut écrire de sa main un bon ou un approuvé mentionnant la quantité et la somme totale.

Maintenant, la liste des preuves à conviction s'allonge et devient plus complexe dans l'analyse des registres et livres de marchands. Les articles 1115, 1116, et 1117 ne font pas preuve au profit de celui qui a écrit ces registres, livres et papiers domestiques.

Nous lisons dans l'article 1.115 ce qui suit : « Les livres des marchands font preuve contre eux, mais celui qui en veut tirer avantage, ne peut les diviser en ce qu'ils contiennent de contraire à sa prétention. »

L'article 1116 suivant va dans le même sens, c'est à dire que la preuve ne peut pas profiter à celui qui a écrit ces registres. Lisons : Les registres et papiers domestiques ne font point un titre pour celui qui les a écrits. Ils font contre lui : 1) dans tous les cas où ils énoncent formellement un paiement reçu ; 2) lorsqu'ils contiennent la mention expresse que la note a été faite pour suppléer le défaut du titre en faveur de celui au profit duquel ils énoncent une obligation.

Copies Des Titres

Un autre volet qui revient comme un leitmotiv est l'acceptation des preuves par devant le tribunal : Il s'agit en effet, de la vérification des copies des titres. L'article 1119 stipule : « Les copies, lorsque le titre original subsiste, ne font foi que de ce qui est contenu au titre, dont la représentation peut toujours être exigée. »

D'un autre côté, l'article 1120 nous parle du cas de la perte ou de la disparition de l'original. Cet article nous explique comment procéder pour être accepté comme preuve. Quatre alinéas seront considérés extrêmement nécessaires. Ils ne sont pas considérés comme preuves complètes. Ils sont admis comme commencement de preuve. Voici la teneur : Art. 1120. « Lorsque le titre original n'existe plus, les copies font foi d'après les distinctions suivantes :

1) Les grosses ou premières expéditions font la même foi que l'original: il en est de même des copies qui ont été tirées par l'autorité du magistrat, parties présentes ou dûment appelées, ou de celles qui ont été tirées en présence des parties et de leur consentement réciproque.
2) Les copies qui, sans l'autorité du magistrat, ou sans le consentement des parties, et depuis la délivrance des grosses ou premières expéditions, auront été tirées sur la minute de l'acte par le notaire qui l'a reçu, ou par l'un de ses successeurs, ou par officiers publics qui, en cette qualité sont dépositaires des minutes, peuvent, en cas de perte de l'original, faire foi quand elles sont anciennes. Elles sont considérées comme anciennes quand elles ont plus de vingt ans…, quand elles ont plus de trente ans ; si elles ont moins de trente ans. Si elles ont moins de vingt ans, elles ne peuvent servir que de commencement de preuve par écrit.
3) Lorsque les copies tirées sur la minute d'un acte ne l'auront pas été par le notaire qui l'a reçu, ou par l'un de ses successeurs, ou par officiers publics qui, en cette qualité, sont dépositaires, des minutes, elles ne pourront servir, quelle que soit leur ancienneté, que de commencement de preuve par écrit.

4) Les copies de copies pourront suivant les circonstances, être considérées comme simples renseignements. »

Nous ne saurons passer sous silence l'article 1118 relatif aux tailles. Les tailles sont des obligations entérinées par deux parties qui se connaissent en matière de fournitures. Ces parties peuvent identifier les bonnes et les mauvaises qualités des échantillons qu'elles reçoivent. Cet article élucide ce cas : "Les tailles corrélatives à leurs échantillons font foi entre les personnes qui sont dans l'usage de constater ainsi les fournitures qu'elles font ou reçoivent en détail."

Actes Recognitifs, Confirmatifs Et De La Preuve Testimoniale

Cette série met en évidence les effets de l'aveu judiciaire qui ne va pas au profit de son auteur. Ces effets peuvent être recoupés au niveau des actes recognitifs et affirmatifs. Ils peuvent aussi jouer en faveur des tiers et des créanciers. Il faut, dans le cas de preuve testimoniale ; que cet acte soit fait devant un notaire ou sous seing privé. Passons donc en revue les articles 1122, 1123, et 1126 pour capturer la logique des textes. En premier lieu, l'article 1122 – « Les actes recognitifs ne dispensent point de la représentation du titre primordial, à moins que sa teneur n'y soit spécialement relatée. Ce qu'ils contiennent de plus que le titre primordial, ou ce qui s'y trouve de différent, n'a aucun effet. Néanmoins, s'il y avait plusieurs reconnaissances conformes, soutenues de la possession et dont l'une eût vingt ans de date, et dont l'une eût trente ans de date, le créancier pourrait être dispensé de représenter le titre primordial. »

Ensuite, l'article 1123 met l'accent sur la validité de l'acte qui peut être reconnue d'après trois principes : 1) d'après la substance, 2) la mention du motif et 3) enfin l'intention de réparer le vice. Voici l'article in extenso : « L'acte de confirmation ou ratification d'une obligation contre laquelle la loi admet l'action en nullité ou en rescision, n'est valable que lors qu'on y trouve la substance de cette obligation, la mention du motif de l'action en rescision, et l'intention de réparer le vice sur lequel cette action est fondée. A défaut d'acte de confirmation ou ratification, il suffit que l'obligation soit exécutée volontairement après l'époque à laquelle l'obligation pourrait être valablement confirmée ou ratifiée. La confirmation, ratification ou exécution volontaire dans les formes, et à l'époque déterminée par la loi, emporte la renonciation aux moyens et exceptions que l'on pouvait opposer contre cet acte, sans préjudice néanmoins du droit des tiers. »

L'autre série qui retient notre attention est celle de la preuve testimoniale qui nous donne encore plus de précision sur la validité de ce genre de preuve qui peut être interdite par devant le tribunal s'il s'agit d'une demande excédant seize gourdes. Il y a des cas où il ne sera pas admis à défaut de preuve écrite. Révisons donc l'article 1126: "L'acte doit être passé devant notaire ou sous signature privée, de toutes choses excédant la somme ou valeur de seize gourdes, la somme ou valeur de cent cinquante gourdes même pour dépôts volontaires; et il n'est reçu aucune preuve par témoins contre et outre le contenu aux actes, ni sur ce qui serait allégué avoir été dit avant, lors ou depuis les actes, encore qu'il s'agisse d'une somme ou valeur moindre de seize gourdes. Le tout sans préjudice de ce qui est prescrit dans les lois relatives au commerce."

Exceptions Et Négation Pour Manque De Preuve Sur Les Contrats/ Obligations Et Conventions

Les articles sur les contrats et conventions analysent plusieurs scénarios de contrats ou de conventions qui peuvent être admis ou rejetés au tribunal suivant les circonstances. Nous avons cinq articles qui étudient ces cas. 1) Art. 1129- La preuve testimoniale, sur la demande d'une somme même moindre de seize gourdes, ne peut être admise, lorsque cette somme est déclarée être le restant ou faire partie d'une créance plus forte qui n'est point prouvée par écrit. 2) L'article 1130 nous affirme que ces documents ne seront pas valables et par conséquent ne seront pas admis au tribunal s'il n'y a point de titre par écrit. En outre, la preuve par témoins n'est pas admissible si la somme demandée dépasse le total de seize gourdes. "Si dans la même instance une partie fait plusieurs demandes dont il n'y a point de titre par écrit, et que, jointes ensemble, elles excèdent la somme de seize gourdes, la preuve par témoins n'en peut être admise, encore que la partie allègue que ces créances proviennent de différentes causes, et qu'elles se soient formées en différent temps, si ce n'était que ces droits procédassent, par succession, donation ou autrement, de personnes différentes."

L'article suivant parait reprendre la logique de l'article 1130, mais il y a une clause qui le rend complémentaire. Cette clause parle d'exploit qui n'est autre qu'un acte judiciaire légal. Cet acte ne sera pas admis comme preuve s'il n'a pas été justifié par écrit. Cet article est ainsi conçu : "Toutes les demandes à quelque titre que ce soit, qui ne seront pas entièrement justifiées par écrit, seront formées par un même exploit, après lequel les autres demandes, dont il n'y aura point de preuves par écrit, ne seront pas reçues."

Au tribunal les choses peuvent être très corsées surtout quand on est un jeune novice. Par exemple, un avocat stagiaire qui se croit imbu de tous les artifices du métier, peut se trouver dans une mauvaise situation en présentant les évidences ou corps du délit. C'est alors qu'il prendra conscience de la dextérité d'un fondé de pouvoir. Ce dernier lui sortira plus d'une dizaine d'exceptions à la minute. Si le novice n'est pas préparé, il lui sera difficile de convaincre le juge de son argument. Une de ces exceptions se trouve dans l'article 1132.

"Les règles ci-dessus reçoivent exception lorsqu'il existe un commencement de preuve par écrit. On appelle ainsi tout acte par écrit qui est émané de celui contre lequel la demande est formée, ou de celui qu'il représente, et qui rend vraisemblable le fait allégué."

L'article 1133 élicite une autre exception. "Elles reçoivent encore exception toutes les fois qu'il n'a pas été possible au créancier de se procurer une preuve littérale de l'obligation qui a été contractée envers lui." Cette seconde exception s'applique : 1) Aux obligations qui naissent des quasi-contrats et des délits ou quasi-délits.

2) Aux dépôts nécessaires faits en cas d'incendie, ruine, tumulte ou naufrage, et à ceux faits par les voyageurs en

logeant dans une hôtellerie, le tout suivant la qualité des personnes et les circonstances du fait.

3) Aux obligations contractées en cas d'accidents imprévus, où l'on ne pourrait pas avoir fait des actes par écrit.
4) Au cas où le créancier a perdu le titre qui lui servait de preuve littérale, par suite d'un cas fortuit, imprévu résultant d'une force majeure.

Deux termes utilisés plus haut méritent une clarification. Il s'agit de quasi-contrat et quasi-délit. Quasi-contrat est un semblant de contrat entre deux parties sans les formules légales et clauses judiciaires connues. Quasi-délit peut être défini comme une erreur inconsciente qui sans être intentionnelle peut causer du mal à autrui.

Présomptions Établies Par La Loi Et Présomptions Non Établies Par La Loi

Le Code Civil arme un avocat de plusieurs recours pour démontrer une action en justice. Un de ces recours est l'obligation faite à la partie demanderesse de déduire dans sa première action les causes d'irrégularité d'un acte. Cependant, le Code Civil peut aussi habiliter un magistrat à faire des déductions qui peuvent être de deux types : les présomptions établies par la loi et les présomptions qui ne sont point établies par la loi. Nous avons quatre articles 1135-1138 relatifs à ce sujet qui donnent au juge l'autorité nécessaire pour trancher un cas pendant sur les présomptions établies par la loi. L'article 1135 analyse les conséquences dérivées de certaines lésions trouvées dans un acte. L'article 1135 est le suivant : "La présomption légale est celle qui est attachée, par une loi spéciale, à certains actes ou à certains faits tels sont :

1) les actes que la loi déclare nuls, comme présumés faits en fraude de ses dispositions, d'après leur seule qualité.
2) Les cas dans lesquels la loi déclare la propriété ou la libération résulter de certaines circonstances déterminées.
3) L'autorité que la loi attribue à la chose jugée
4) La force que la loi attache à l'aveu de la partie ou à son serment."

L'article 1136 retient trois conséquences : 1) Chose demandée soit la même 2) Demande fondée sur la même cause 3) Demandes faites entre les mêmes parties ayant la même qualité. "L'autorité de la chose jugée n'a lieu qu'à l'égard de ce qui a fait l'objet du jugement. Il faut que la chose demandée soit la même ; que la demande soit fondée sur la même cause ; que la demande soit entre les mêmes parties, et formée par elles et contre elles, en la même qualité."

L'article 1137 joue en faveur de celui contre lequel cet article est invoqué : « La présomption légale dispense de toute preuve celui au profit duquel elle existe. »

Le dernier article de la série n'admet pas de preuve contre une présomption lorsque celle-ci annule certains actes ou dénie l'action en justice. Art. 1138 « Nulle preuve n'est admise contre la présomption de la loi, lorsque, sur le fondement de cette présomption, elle annule certains actes ou dénie l'action en justice, à moins qu'elle n'ait réservé la preuve contraire, et sauf ce qui sera dit sur le serment et l'aveu judiciaire. »

D'un autre côté, nous avons les présomptions qui ne sont pas établies par la loi. Ces présomptions sont laissées au bon jugement du magistrat. L'article 1139 nous éclaire : "Les présomptions qui ne sont point établies par la loi, sont abandonnées aux lumières et à la prudence du magistrat, qui ne doit admettre que des présomptions graves, précises et concordantes, et dans les cas seulement où la loi admet les preuves testimoniales, à moins que l'acte ne soit attaqué pour cause de fraude ou de dol."

Autour De L'Aveu Et Du Serment

Au tribunal, une partie qui est citée pour une infraction injuste, à laquelle la présomption légale est opposée, peut invoquer l'article 1138 : "Nulle preuve n'est admise contre la présomption de la loi, lorsque, sur le fondement de cette présomption, elle annule certains actes ou dénie l'action en justice, à moins qu'elle n'ait réservé la preuve contraire, et sauf ce qui sera dit sur le serment et l'aveu judiciaire." Cette partie peut toujours faire questionner l'adversaire sur les faits pour obtenir un aveu. Cet aveu peut être de deux types : judiciaire ou extra judiciaire. Nous lisons dans l'article 1141 : "L'allégation d'un aveu extrajudiciaire purement verbal est inutile toutes les fois qu'il s'agit d'une demande dont la preuve testimoniale ne serait point admissible."

L'article suivant définit l'aveu judiciaire : "L'aveu judiciaire est la déclaration que fait en justice la partie ou son fondé de pouvoir spécial. Il fait pleine foi contre celui qui l'a fait. Il ne peut être divisé contre lui. Il ne peut être révoqué, à moins qu'on ne prouve qu'il a été la suite d'une erreur de fait. Il ne pourrait être révoqué sous prétexte d'une erreur de droit .La partie citée peut provoquer un aveu ou déférer un serment .Comme pour l'aveu, elle a à sa disposition deux moyens : le serment décisoire ou le serment déféré d'office." L'article 1143 établit la distinction. « Le serment judiciaire est de deux espèces : 1) Celui qu'une partie défère à l'autre pour en faire dépendre le jugement de la cause : il est appelé décisoire. 2) Celui qui est déféré d'office par le juge à l'une ou à l'autre des parties. »

Deux articles relatifs à ce sujet méritent une attention particulière. L'article 1147 déduit les conséquences de l'acceptation ou du refus du serment déféré ou référé. « Celui auquel le serment est déféré, qui le refuse ou qui ne consent pas à le référer à son adversaire, ou l'adversaire à qui il a été référé et qui le refuse, doit succomber dans sa demande ou dans son exception. »

L'article 1151 nous présente les effets du serment déféré aux débiteurs, ou aux héritiers : "Le serment fait ne forme preuve qu'au profit de celui qui l'a déféré ou contre lui, et au profit de ses héritiers et ayants-cause, ou contre eux. Néanmoins, le serment déféré par l'un des créanciers solidaires au débiteur, ne libère celui-ci que pour la part de ce créancier. Le serment déféré au débiteur principal libère également les cautions. Celui déféré à l'un des débiteurs solidaires profite aux codébiteurs. Et celui déféré à la caution profite au débiteur principal. Dans ces deux derniers cas, le serment du codébiteur solidaire ou de la caution, ne profite aux autres codébiteurs ou au débiteur principal, que lorsqu'il a été sur la dette, et non sur le fait de la solidarité ou du cautionnement."

L'autre moyen est le serment différé d'office. Dans ce cas, c'est l'intervention du juge qui confère le caractère absolu à ce genre de serment. Le juge peut le faire d'après deux conditions posées dans l'article 1153 : "Le juge ne peut déférer d'office le serment, soit sur la demande, soit sur l'exception qui y est opposée, que sous les deux conditions suivantes : il faut, 1) que la demande ou l'exception ne soit pas pleinement justifiée ; 2) qu'elle ne soit pas totalement dénuée de preuves. Hors des deux cas, le juge doit ou adjuger ou rejeter purement et simplement la demande."

Il faut ajouter cependant que le juge a le pouvoir de déférer le serment à l'une des parties pour arriver à une conclusion de cause à effet. L'article 1152 justifie cette position : "Le juge peut déférer à l'une des parties le serment, ou pour en faire dépendre la décision de la cause, ou seulement pour déterminer le montant de la condamnation."

Quasi Contrats/Quasi Délits

Nous avons déjà introduit la notion de quasi contrats et de quasi-délits. Il est nécessaire maintenant d'étudier ces deux termes pour pouvoir pénétrer la pensée justificative du juriste.

On peut s'engager volontairement envers un tiers à gérer un business. On le fait d'après un engagement tacite. On s'engage donc à faire tout ce que le propriétaire aurait dû faire dans de telles circonstances. Ce principe s'applique pour les deux parties. L'article 1158 : expose cette idée : "Lorsque volontairement on gère l'affaire d'autrui, soit que le propriétaire connaisse la gestion, soit qu'il l'ignore, celui qui gère contracte l'engagement tacite de continuer la gestion qu'il a commencée, et de l'achever jusqu'à ce que le propriétaire soit en état d'y pourvoir lui-même : Il doit se charger également de toutes les dépendances de cette même affaire. Il se soumet à toutes les obligations qui résulteraient d'un mandat exprès que lui aurait donné le propriétaire." En principe, celui qui s'engage à gérer un business qui appartient à quelqu'un d'autre, doit le faire comme un bon père de famille. L'autre partie de son côté est tenu de respecter et d'honorer les engagements consentis à son profit .Après avoir introduit le terme quasi-délits, nous avons expliqué la raison juridique qui rend un délit quasi. Maintenant, nous invoquerons deux articles pertinents en la matière qui sont élicités souvent au tribunal : Art. 1171 et 1172.

L'article 1171 se réfère aux dégâts causés par un animal et établit la responsabilité: " Le propriétaire d'un animal, ou celui qui s'en sert pendant qu'il est à son usage, est responsable du dommage que l'animal a causé soit que l'animal fût sous sa garde, soit qu'il fût égaré ou échappé."

L'article 1172 se concentre sur le dégât causé par un bâtiment tombé en désuétude et de quels autres accidents par manque d'entretien : « Le propriétaire d'un bâtiment est responsable du dommage causé par sa ruine, lorsqu'elle est arrivée par suite du défaut d'entretien, ou par le vice de sa construction. »

Chapitre VI

Contrat De Mariage/Droits Des Époux

Tous les textes de Code Civil que nous avons consultés, sont unanimes à honorer le contrat de mariage et les droits respectifs des époux. Certes ces droits sont un peu restrictifs pour la femme mais ils peuvent être améliorés. Nous nous référons au Code Civil Français, Belge, Suisse, Grecque. Cette constatation est aussi mentionnée dans le livre du Docteur Denyse Masséna , La Femme dans le Droit: "Les principes d'égalité et de liberté de la Révolution Française de 1789, sont inculqués dans le Code de Napoléon et presque dans tous les autres Codes Européens." 14

Nous essayerons de faire le point sur un thème très équivoque de nos jours encore que les femmes sont très sensibilisées sur un sujet qui leur tient à cœur.

L'article 1174 par exemple, parle de la puissance maritale et de l'autorité du père de famille: "Les époux ne peuvent déroger ni aux droits résultant de la puissance maritale sur la personne de la Femme et des enfants, ou qui appartiennent au mari comme chef, ni aux droits conférés au survivant des époux, par la loi sur la puissance paternelle, et par la loi sur la minorité, la tutelle et l'émancipation, ni aux dispositions prohibitives du présent Code."

En principe, ce brevet de qualification du pouvoir du père de famille n'est pas une clause nouvelle. Elle peut être trouvée aussi dans le système juridique romain. On peut donc déduire que le contrat de mariage et les droits des époux découlent de trois différents régimes matrimoniaux : le régime de la communauté, le régime de la séparation des biens, et le régime dotal.

Régime De La Communauté

Le régime de la communauté est un système légal ou conventionnel consenti entre époux au jour du mariage par devant un officier de l'état civil. Ce système prescrit que cette communauté peut être composée de biens actifs ou passifs. Ces actifs peuvent être des biens mobiliers et immobiliers. Les passifs comprennent les dettes mobilières, les intérêts accrus sur les capitaux, les arrérages et intérêts seulement des rentes ou dettes passives personnelles, des réparations usufructuaires des immeubles, des aliments des époux, de l'entretien, de l'éducation des enfants et de toute autre charge contractée durant le mariage. Ce régime peut être universel ou restreint ou réduit aux acquêts. Il est universel quand les biens des époux tombent dans la communauté et appartiennent à tous les deux. Le régime restreint est un système dans lequel les biens sont la résultante du travail conjoint des époux. L'article 1238 confirme cette idée : "Lorsque les époux stipulent qu'il n'y aura entre' eux qu'une communauté d'acquêts, ils sont censés exclure de la communauté et les dettes de chacun d'eux actuelles ou futures, et leur mobilier présent et future. En ce cas, et après que chacun des époux a prélevé ses apports dûment justifiés, le partage se borne aux acquêts faits par les époux ensemble ou séparément, durant le mariage, et provenant tant de l'industrie commune, que des économies faites sur les fruits et revenus des biens des deux époux."

L'article 1311 explique la position des époux qui se marient sous la communauté à titre universel. "Les époux peuvent établir, par leur contrat de mariage, une communauté universelle de leurs biens, tant meubles, présents et à venir, ou de tous leurs biens présents seulement, ou de tous leurs biens à venir seulement.

Régime De Séparation De Biens

Le régime suivant est celui de la séparation des biens dans lequel l'un des époux opine clairement devant l'autorité compétente son choix de ce type de régime. Il sera donc convenu que l'époux auquel choix a été fait, retiendra l'administration des biens meubles et immeubles et aussi des revenus provenant de ces biens. L'article 1321 conclut en ce sens : "Lorsque les époux ont stipulé par leur contrat de mariage qu'ils seraient séparés de biens, la femme conserve l'entière administration de ses biens meubles et immeubles, et la jouissance libre de ses revenus."

Opinion Juridique Sur Le Régime Dotal

Finalement, le régime dotal est un système aussi ancien que celui des anciens romains. Dans ce régime, la femme apporte sa contribution pour le support des frais généraux accumulés dans le mariage. Il est dit ce qui suit dans les articles 1325 et 1326. "La dot sous ce régime est le bien que la femme apporte au mari pour supporter les charges du mariage." « Tout ce que la femme se constitue ou qui lui est donné en contrat de mariage, est dotal, s'il n'y a stipulation contraire. Il faut dire aussi que dans ce régime, le mari est l'administrateur de ces biens. Ces biens ne peuvent être vendus ou hypothéqués. C'est le droit de l'inaliénabilité et d'imprescriptibilité. » Cependant, il y a des circonstances où l'immeuble dotal peut être aliéné. On les trouve dans l'article 1343. « L'immeuble dotal peut encore être aliéné avec permission de justice, et aux enchères, après trois affiches ; 1) Pour tirer de prison le mari ou la femme ;

2) Pour fournir des aliments à la famille ;
3) Pour payer les dettes de la femme ou de ceux qui ont constitué la dot, lorsque ces dettes ont une date certaine antérieure au contrat de mariage.
4) Pour faire de grosses réparations indispensables pour la conservation de l'immeuble dotal ;
5) Enfin lorsque cet immeuble se trouve indivis avec des tiers, et qu'il est reconnu impartageable.

Dans tous les cas, l'excédant du prix de la vente au-dessus des besoins reconnus, restera dotal ; et il en sera fait emploi, comme tel, au profit de la femme. »

Autour Des Biens Paraphernaux

Les biens paraphernaux sont des biens de la femme qui ne font pas partie de la dot. L'article 1359 dit ceci : "Tous les biens de la femme qui n'ont pas été constitués en dot, sont paraphernaux."

Dissolution De La Communauté Et Corollaires

Une communauté prend fin de plusieurs façons. L'article 1226 les groupe en quatre.

1) Par la mort
2) Par la perte des droits civils
3) Par le divorce
4) Par la séparation de biens

Nature Et Forme De La Vente

Nous analyserons dans ce volet les procédés de vente et leurs effets, et aussi les obligations de l'acheteur et du vendeur. En général, une vente est un contrat convenu entre deux parties de céder une chose que l'autre partie veut acquérir. Elle peut être faite au comptant ou à crédit. L'article 1368 stipule : "Elle est parfaite entre les parties, et la propriété est acquise de droit à l'acheteur à l'égard du vendeur, dès qu'on est convenu de la chose et du prix, quoique la chose n'ait pas encore été livrée ni le prix payé."

Cet article parle de vente parfaite. Pour remplir cette condition, on a besoin de la preuve du consentement mutuel sur le prix de la vente. La vente est considérée parfaite lorsqu'il s'agit de marchandises vendues en bloc. Ainsi, l'article 1371 fait le point : "Si au contraire, les marchandises ont été vendues en bloc la vente est parfaite, quoique les marchandises n'aient pas encore été pesées, comptées ou mesurées."

S'il s'agit de marchandises liquides, l'acheteur doit les goûter pour être une vente parfaite. Nous lisons ce qui suit dans l'article 1312. "A l'égard du vin, de l'huile et des autres choses que l'on est dans l'usage de goûter avant d'en faire l'achat, il n'y a point de vente, tant que l'acheteur ne les a pas goutées, et agréées."

Le Code Civil nous parle des personnes qui sont habilitées à acheter ou vendre. Toute personne qui n'est pas interdite peut acheter ou vendre. Cependant un contrat de vente entre' époux peut se faire d'après l'article 1380, seulement dans les trois cas suivants :

1) Celui où l'un des époux cède des biens à l'autre, séparé judiciairement d'avec lui, en paiement de ses droits ;
2) Celui où la cession que le mari fait à sa femme, même non séparée, a une cause légitime, telle que le remploi de ses immeubles aliénés ou de deniers à elle appartenant, si ces immeubles ou deniers ne tombent pas en communauté;
3) Celui où la femme cède des biens à son mari en paiement d'une somme qu'elle lui aurait promise en dot, et lorsqu'il y a exclusion de communauté. Sauf dans ces trois cas, les droits des héritiers des parties contractantes, s'il y a avantage indirect.

De La Vente Et Des Obligations Du Vendeur

La vente se réfère à la cession d'une marchandise pour un montant convenu. Cependant, il y a des mesures évolutives établies par la loi qui font défense à un vendeur de vendre le bien d'autrui. Les articles 1383 et 1384 exposent un tel scénario. "Tout ce qui est dans le commerce, peut être vendu, lorsque des lois particulières, n'en ont pas prohibé l'aliénation." Code civil 538, 540, 544, 1128, 1554, 1600, 2226._ Pén.. 314, 318.

Art 1384 "La vente de la chose d'autrui est nulle : elle peut donner lieu à des dommages- intérêts, lorsque l'acheteur a ignoré que la chose fût à autrui."

Le vendeur est tenu d'expliquer clairement les modalités de vente. Il a donc l'obligation de délivrer et aussi de garantir cette vente. Deux articles du Code Civil expliquent comment se font la délivrance.

Art 1391- La délivrance des effets mobiliers s'opère :

1) ou par la tradition réelle ;
2) ou par la remise des clefs des bâtiments qui les contiennent;

3) ou même par le seul consentement des parties, si le transport ne peut pas s'en faire au moment de la vente, ou si l'acheteur les avait déjà en son pouvoir à un autre titre"

Art 1392- "La tradition des droits incorporels se fait, ou par la remise des titres ou par l'usage que l'acquéreur en fait du consentement du vendeur."

L'article 1402 se réfère à la notion de contenance qui peut être une clause requise par l'acheteur. Dans le cas contraire, s'il est impossible de délivrer la quantité convenue, de diminuer proportionnellement le prix. "Si la vente d'un immeuble a été faite avec indication de la contenance, à raison de tant la mesure, le vendeur est obligé de délivrer à l'acquéreur, s'il exige, la quantité indiquée au contrat. Et si la chose ne lui est pas possible, ou si l'acquéreur ne l'exige pas, le vendeur est obligé de souffrir une diminution proportionnelle du prix."

D'un autre côté, le droit de garantie est discuté dans les articles 1410, 1411.

Art 1410- "La garantie que le vendeur doit à l'acquéreur a deux objets : le premier est la possession paisible de la chose vendue ; le second les défauts cachés de cette chose ou les vices rédhibitoires."

Art 1411- "Quoique, lors de la vente, il n'ait été fait aucune stipulation sur la garantie, le vendeur est obligé, de droit, à garantir l'acquéreur de l'éviction qu'il souffre dans la totalité ou partie de l'objet vendu, ou des charges prétendues sur cet objet."

Non seulement le vendeur doit garantir la vente conclue, mais aussi, il doit garantir les défauts de la marchandise vendue. Nous trouvons cette assertion dans l'article 1426.

"Le vendeur est tenu de la garantie à raison des défauts cachés de la chose vendue qui la rendent impropre à l'usage auquel on la destine ou qui diminuent tellement cet usage, que l'acheteur ne l'aurait pas acquise, on n'en aurait donné qu'un moindre prix, s'il les avait connus."

De La Chose Achetée Et Des Obligations De L'acheteur

L'acheteur a des obligations à l'endroit du vendeur. L'une de ces obligations est le paiement de son achat. L'article 1435 nous donne plus de précision. "La principale obligation de l'acheteur est de payer le prix au jour et au lieu réglés par la vente."

La loi est rigide et peut contraindre l'acheteur à payer des intérêts sur le prix de vente. L'expression de cette loi se trouve dans l'article 1437. "L'acheteur doit l'intérêt du prix de la vente jusqu'au paiement du capital, dans les trois cas suivants :

1) S'il a été convenu lors de la vente ;
2) Si la chose vendue et livrée produit des fruits ou autres revenus.
3) Si l'acheteur a été sommé de payer.

Dans ce dernier cas, l'intérêt ne court que depuis la sommation."

Au cas de nullité d'une vente ou de contrat de vente entaché de nullité, la loi permet au vendeur le droit de rachat ou de réméré exposé dans l'article 1444 "La faculté de rachat ou de réméré est un pacte par lequel le vendeur se réserve de reprendre la chose vendue, moyennant la restitution du prix principal et le remboursement discuté dans l'article 1.458."

Ce droit de rachat a une certaine période fixée par la loi pour le faire. L'article suivant nous fait un compte rendu. "La faculté de rachat ne peut être stipulée pour un terme excédant cinq années. Si elle a été stipulée pour un terme plus long, elle est réduite à ce terme.

La vente nous conduit parfois à la vente aux enchères qui survient par suite d'un désaccord entre les parties, particulièrement s'il y a un mineur copropriétaire. Cette procédure en terme juridique s'appelle licitation.

L'article 1459 réaffirme cette idée. "Si une chose commune à plusieurs ne peut être partagée commodément et sans perte ou si dans un partage fait de gré à gré de biens communs, il s'en trouve quelques-uns qu'aucun des copartageants ne puisse ou ne veuille prendre. La vente s'en fait aux enchères, et le prix en est partagé entre copropriétaires."

Transport Des Créances Et Des Droits Incorporels

En principe, un transport ou transfert d'une créance est la cession d'un droit incorporel sur un tiers. Cette cession s'accomplit par la remise du titre. L'article 1462 établit ce rapport. "Dans le transport d'une créance , d'un droit, ou d'une action sur un tiers, la délivrance s'opère dans le cédant et le cessionnaire par la remise du titre."

L'article 1463 explique comment signifier un cessionnaire. "Le cessionnaire n'est saisi à l'égard des tiers que par la signification du transport faite au débiteur. Néanmoins, le cessionnaire peut être également saisi par l'acceptation du transport, faite par le débiteur dans un acte authentique.

Le problème de solvabilité est adressé dans les articles suivants. Art. 1464- "Si, avant que le cédant ou le cessionnaire eût signifié le transport au débiteur, celui-ci avait payé le cédant, il sera valablement libéré."

Art 1465-"La vente ou cession d'une créance comprend les accessoires de la créance, tels que caution, privilège et hypothèque."

L'article 1466- exige une garantie totale du vendeur ou concessionnaire. "Celui qui vend une créance ou autre droit incorporel doit en garantir l'existence au temps du transport, quoiqu'il soit fait sans garantie."

Dispositions Sur Le Contrat De Louage

Le Code civil en un de ses chapitres élabore sur le contrat de louage. Ce contrat entre deux parties donne la jouissance d'une chose à l'autre partie pour un prix convenu. Le Code mentionne deux types de louage. Selon l'article 1490. "Il y a deux sortes de contrats de louage : 1) Celui des choses 2) Celui d'ouvrage. Les articles 1481 et 1482 définissent extensivement ces deux termes. Art1481- "Le louage des choses est un contrat par lequel l'une des parties s'oblige à faire jouir l'autre d'une chose pendant un certain temps, et moyennant un certain prix que celle-ci s'oblige de lui payer."

Art. 1482-« Le louage d'ouvrage est un contrat par lequel l'une des parties s'engage à faire quelque chose pour l'autre, moyennant un prix convenu entr' elles. »

L'article 1483 fait une subdivision au niveau de ces deux sortes de louage. Ces deux genres de louage se subdivisent encore en plusieurs espèces particulières :

1) On appelle bail à loyer, le louage des maisons et celui des meubles.
2) Bail à ferme, celui des biens ruraux ;
3) Loyer, le louage du travail ou du service ;
4) Bail à cheptel, celui des animaux, dont le profit se partage entre le propriétaire et celui a qui il les confie.
5) Les devis, marché ou prix fait, pour l'entreprise d'un ouvrage moyennant un prix déterminé, sont aussi un louage, lorsque la matière est fournie par celui pour qui l'ouvrage se fait.

Nous nous appesantirons sur les deux termes invoqués plus haut, les baux des maisons et les baux des biens ruraux. Le Code Civil spécifie dans l'article 1485 que le louage peut se faire par écrit ou verbalement. Dans le cas où on choisit de faire un bail sans écrit, il est difficile de prouver son existence même avec des témoins. L'article 1486 est clair. "Si le bail fait sans écrit n'a encore reçu aucune exécution et que l'une des parties le nie, la preuve ne peut être reçue par témoins quel que modique qu'en soit le prix, et quoiqu'on allègue qu'il y a eu des arrhes données. Le serment peut seulement être déféré à celui qui nie le bail."

Les articles suivants 1487 à1507 statuent sur les obligations du bailleur et du preneur. Nous nous arrêterons sur les articles les plus saillants, les plus sollicités au tribunal. Par exemple, 1- l'article 1487 avance : "Lorsqu'il y aura contestation sur le prix du bail verbal, dont l'exécution a commencé, et qu'il n'existera point de quittance, le propriétaire en sera cru sur son serment, si mieux n'aime le locataire demander l'estimation par experts, auquel cas les frais de l'expertise restent à sa charge, si l'estimation excède le prix qu'il a déclaré."

2- L'article 1488 est très important. Il permet au preneur de sous-louer mais cette clause doit être incluse dans le contrat. Il dit ceci : "Le preneur a le droit de sous-louer, et même de céder son bail à un autre, si cette faculté ne lui est pas interdite. Elle peut être interdite pour tout ou partie. Cette clause est toujours de rigueur."
3- De même l'article 1491 stipule : « Le bailleur est tenu de délivrer la chose en bon état de réparations de toute espèce. Il doit y faire, pendant la durée du bail, toutes les réparations qui peuvent devenir nécessaires, autres que les locatives. »
4- Art 1492-"Il est dû garantie au preneur pour tous les vices ou défauts, de la chose louée qui en empêchent l'usage, quand même le bailleur ne les aurait pas connus lors du bail. S'il résulte de ces vices ou défauts quelque perte pour le preneur, le bailleur est tenu de l'indemniser."

Les articles 1499, 1500 établissent la responsabilité du preneur.

5- Art1499-"Le preneur est tenu de deux obligations principales :
   a) D'user la chose louée en bon père de famille, et suivant la destination qui lui a été donnée par le bail, ou suivant celle présumée d'après les circonstances, à défaut de convention.
   b) De payer le prix du bail aux termes convenus.
   c) Art 1500- "Si le preneur emploie la chose louée à un autre usage que celui auquel elle a été destinée, ou dont il puisse résulter un dommage pour le bailleur, celui-ci peut, suivant les circonstances, faire résilier le bail."

Ensuite, l'article 1506 fait du preneur le gérant responsable pour tous les problèmes de son locataire "Le preneur est tenu des dégradations et des pertes qui arrivent par le fait des personnes de sa maison, ou de ses sous-locataires."

Une autre série qui prête à équivoque est celle qui touche au louage d'ouvrage et d'industrie. Nous notons dans l'article 1549 qu'il y a trois espèces principales de louage d'ouvrage et d'industrie :

1) Le louage des gens de travail qui s'engagent au service de quelqu'un ;
2) Celui des voitures, soit par terre, soit par eau, qui se chargent du transport des personnes ou des marchandises ;
3) Celui des entrepreneurs d'ouvrages par suite de devis ou marchés.

En ce qui concerne le louage des gens, l'article 1550 nous explique comment se fait ce louage. "On ne peut engager ses services qu'à temps ou pour une entreprise déterminée."

L'article 1553 sur les chauffeurs ou voituriers, les rend responsables pour les choses qu'ils transportent dans leur bâtiment ou voiture. "Ils répondent non seulement de ce qu'ils ont déjà reçu dans leur bâtiment ou voiture, mais encore de ce qu'il leur a été remis dans les embarcadère, wharf ou port, à la douane ou dans les magasins pour être placé dans leur bâtiment ou voiture.

Finalement, la qualité de travail fournie dépendra du type de contrat convenu. L'article 1556 conclut ainsi : "Lorsqu'on charge quelqu'un de faire un ouvrage, on peut convenir qu'il fournira seulement son travail ou son industrie, ou bien qu'il fournira aussi la matière."

La loi rend responsable l'ouvrier qui fournit la matière et a commis une erreur de jugement. C'est ce que nous explique l'article 1557 : "Si dans le cas où l'ouvrier fournit la matière, la chose vient à périr, de quelque manière que ce soit, avant d'être livrée, la perte en est pour l'ouvrier, à moins que le maître ne fût en demeure de recevoir la chose."

"L'article 1561 fixe la part de responsabilité sur les architectes et entrepreneurs."

"Si l'édifice construit à prix fait, périt en tout ou en partie par le vice de la construction, même par le vice du sol, les architecte et entrepreneur en sont responsables pendant cinq ans."

L'article 1562 de son côté conclut en ce sens. "Lorsqu'un architecte ou un entrepreneur s'est chargé de la construction à forfait d'un bâtiment, d'après un plan arrêté et convenu avec le propriétaire du sol, il ne peut demander aucune augmentation du prix, ni sous le prétexte de l'augmentation de la main d'œuvre ou des matériaux, ni sous celui de changements ou d'augmentations faits sur ce plan, si ces changements ou augmentations n'ont pas été autorisés par écrit, et le prix convenu avec le propriétaire."

Exposé Sur Le Bail À Cheptel

Cette série concerne surtout nos frères de l'arrière pays qui souvent utilisent ce genre de contrat pour la garde de leurs animaux. Ce contrat est connu sous le nom de bail à cheptel. Le bail à cheptel est très courant dans notre pays. Un aspect important est que bail à cheptel n'est autre qu'un contrat entre deux parties pour la gérance d'un fonds de bétail d'après les conditions convenues. Le Code Civil nous donne une définition similaire, mais distingue plusieurs sortes de cheptel en son article 1570 : 1) Le cheptel simple ou ordinaire ;

2) Le cheptel à moitié ;
3) Le cheptel donné au fermier ou au colon partiaire.
4) Une quatrième espèce de contrat improprement appelée cheptel.

Dans le premier cas, s' il y a des contestations, ou en cas de destruction du cheptel, le preneur est tenu de prouver la perte. L'article 1579 précise : "Si le cheptel périt en entier sans la faute du preneur, la perte en est pour le bailleur. S'il n'en périt qu'une partie, la perte est supportée en commun, d'après le prix de l'estimation originaire, et celui de l'estimation à l'expiration du bail." Ensuite, l'article 1588 sur le cheptel à moitié clarifie une situation qui le plus souvent prête à confusion. Le bailleur a droit à la moitié du fonds de cheptel, le preneur a l'autre moitié et plus. "Le preneur profite seul, comme dans le cheptel simple, des laitages, du fumier et des travaux des bêtes. Le bailleur n'a droit qu'à la moitié des laines et du croît. Toute convention est nulle, à moins que le bailleur ne soit propriétaire du fonds de terre, dont le preneur est fermier ou colon partiaire."

Par association d'idées, l'article 1590 se réfère au "cheptel donné au fermier qui s'appelle aussi cheptel de fer." Ce cheptel aussi appelé cheptel de fer, est celui par lequel le propriétaire d'un fonds de terre le donne à ferme, à la charge qu'à l'expiration du bail, le fermier laissera des bestiaux d'une valeur égale au prix de l'estimation de ceux qu'il aura reçus."

L'article 1596 se réfère au colon partiaire qui peut être exonéré en cas de perte : "Si le cheptel périt en entier sans la faute du colon tertiaire, la perte est pour le bailleur."

L'article suivant fait une déduction logique et judicieuse pour les parties concernées : « On peut stipuler que le colon partiaire délaissera au bailleur sa part de la toison, à un prix inférieur à la valeur ordinaire ; Que le bailleur aura une plus grande part du profit; Qu'il aura la moitié des laitages; mais on ne peut pas stipuler que le colon partiaire sera tenu de toute la perte. »

Et enfin, l'article 1600 conclut : "Lorsqu'une ou plusieurs vaches sont données pour les loger et les nourrir, le bailleur en conserve la propriété ; il a seulement le profit des veaux qui en naissent." Ici prend fin notre volet sur le bail à cheptel.

Analyse Des Espèces De Sociétés

Un entrepreneur ou tout individu soucieux de monter une firme ou une compagnie de société commerciale, recours au service d'un avocat, qui le conseille de la faire légalement en bonne et due forme : C'est à dire de faire un contrat de société. Ce contrat sera conçu suivant les intentions des parties. Il sera soit universel ou particulier. S'il est universel, il peut être de deux sortes d'après l'article 1605 : "La société de tous biens présents, et la société de gains."

Les articles 1606, 1607 élaborent un peu plus sur ces deux termes à ne pas confondre quand il s'agit de gains qui peuvent être de toute espèce non compris ceux qu'on a acquis par voie de succession.

L'Article 1606 mentionne : "La société de tous biens présents est celle par laquelle les parties mettent en commun tous les biens meubles et immeubles qu'elles possèdent actuellement, et les profits qu'elles pourront en tirer. Elles peuvent aussi y comprendre toute autre espèce de gains ; mais les biens qui pourraient leur advenir par succession, donation ou legs, n'entrent dans cette société que pour la jouissance : toute stipulation tendant à y faire entrer la propriété de ces biens est prohibée, sauf entre époux, et conformément à ce qui est réglé à leur égard."

L'article 1607 ajoute une clause restrictive pour les immeubles : "La société universelle de gains renferme tout ce que les parties acquerront par leur industrie, à quelque titre que ce soit, pendant le cours de la société ; les meubles que chacun des associés possède au temps du contrat, y sont aussi compris ; mais leurs immeubles personnels n'y entrent que pour la jouissance seulement."

Quand la société est enregistrée sous le titre de société particulière, elle tombe sous le coup de l'article 1610 du Code Civil. "La société particulière est celle qui ne s'applique qu'à certaines choses déterminées, ou à leur usage, ou aux fruits à en percevoir."

Engagements Des Associés Entre Eux Et Vis À Vis Des Associés

Après avoir consenti à signer un contrat de société, il est équitable et juste de définir quel type d'obligations les associés auront entre eux et aussi avec les tiers. En ce sens le Code Civil a prévu une clause sur la durée de la société, sur la contribution des associés et sur la gérance de cette société. En premier lieu, l'article 1613 nous parle de la durée : "S'il n'y a pas de convention sur la durée de la société, elle est censée contractée pour toute la vie des associés, ou il s'il s'agit d'une affaire dont la durée soit limitée, pour tout le temps que doit durer cette affaire."

Le Code Civil en son article 1628 sur le mode d'administration, clarifie cette clause et nous donne des stipulations spéciales : "A défaut de stipulations spéciales sur le mode d'administration l'on suit les règles suivantes :

1) Les associés sont censés s'être donné réciproquement le pouvoir d'administrer l'un pour l'autre : ce que chacun fait, est valable même pour la part de ses associés, sans qu'il ait pris leur consentement ; sauf le droit qu'ont ces derniers, ou l'un d'eux, de s'opposer à l'opération avant qu'elle soit conclue ;
2) Chaque associé peut se servir des choses appartenant à la société pourvu qu'il les emploie à leur destination fixée par l'usage, et qu'il ne s'en serve pas contre l'intérêt de la société, ou de manière à empêcher ses associés d'en user selon leur droit;
3) Chaque associé a le droit d'obliger ses associés à faire avec lui les dépenses qui sont nécessaires pour la conservation des choses de la société ;
4) L'un des associés ne peut faire d'innovations sur les immeubles dépendant de la société, même quand il les soutiendrait avantageuses à cette société, si les autres associés n'y consentent. Les associés sont tenus de respecter les engagements pris envers ses pairs et aussi envers les tiers. C'est ainsi que l'article 1615 décide sans ambages : "L'associé qui devait apporter une somme dans la société et qui ne l'a point fait, devient, de plein droit et sans demande, débiteur des intérêts de cette somme, à compter du jour où elle devait être payée. Il en est de même à l'égard des sommes qu'il a prises dans la caisse sociale, à compter du jour où il les en a tirées pour son profit particulier ; le tout sans préjudice de plus amples dommages-intérêts, s'il y a lieu."

Plus loin, l'article 1617 détermine : "Lorsque l'un des associés est, pour son compte particulier créancier d'une somme exigible, envers une personne qui se trouve aussi devoir à la société une somme également exigible, l'imputation de ce qu'il reçoit de ce débiteur, doit se faire sur la créance de la société et sur la sienne dans la proportion des deux créances, encore qu'il eût par sa quittance dirigé l'imputation intégrale sur sa créance particulière: mais s'il a exprimé dans sa quittance que l'imputation serait faite en entier sur la créance de la société, cette stipulation sera exécutée."

L'article, 1630 est très désobligeant à l'égard des associés parce qu'il permet à l'un des associés de s'associer à une tierce personne pour sa quote-part sans leur consentement. "Chaque associé peut, sans le consentement de ses associés, s'associer une tierce personne relativement à la part qu'il a dans la société, lors même qu'il en aurait l'administration."

En dernier lieu, les associés sont tenus envers les tiers à une part égale. On trouve un regain de ce principe dans l'article 1632 : "Les associés sont tenus envers le créancier avec lequel ils ont contracté, chacun pour une somme et part égales, encore que la part de l'un deux dans la société fut moindre, si l'acte n'a pas spécialement restreint l'obligation de celui-ci sur le pied de cette dernière part."

De plus, l'article 1634 nous décrit comment prend fin une société :

1) Par l'expiration du temps pour lequel elle a été contractée;
2) Par l'extinction de la chose, ou la consommation de la négociation.
3) Par la mort de quelqu'un des associés ;
4) Par la perte des droits civils, l'interdiction ou la déconfiture de l'un d'eux ;
5) Par la volonté qu'un seul ou plusieurs expriment de n'être plus en société.

Types De Prêts

Cette série examine les différentes sortes de prêts qu'on peut légalement contracter, les obligations du prêteur, de l'emprunteur et du prêt à intérêt. Pour l'édification du lecteur, nous dirons qu'un prêt dans un sens juridique est un contrat par lequel l'une des parties cède une chose consentie à l'autre, à change de restitution en bonne et due forme à la fin du contrat. L'article 1643 divise le prêt en deux sortes : "1) Celui des choses dont on peut user sans les détruire ; 2) Celui des choses qui se consomment par l'usage qu'on en fait.

La première espèce s'appelle prêt à usage, ou commodat. La deuxième est le prêt de consommation ou simple prêt.

Notre définition du prêt répond aussi du prêt à usage. L'article 1647 réintroduit cette idée et ajoute une clause supplémentaire sur les héritiers du prêteur. "Les engagements qui se forment par le prêt, et aux héritiers de celui qui emprunte. Mais si l'on n'a prêté qu'en considération de l'emprunteur, et à lui personnellement, alors ses héritiers ne peuvent continuer de jouir de la chose prêtée."

Trois articles sur l'engagement de l'emprunteur, établissent la responsabilité de ce dernier quand il utilise cet emprunt à une fin autre que l'usage ou la convention.

1) Selon l'article 1648- "L'emprunteur est tenu de veiller en bon père de famille à la garde et à l'usage déterminé par sa nature ou par la convention ; le tout à peine de dommages-intérêts, s'il y a lieu.
2) De plus, l'article 1649 stipule : "Si l'emprunteur emploie la chose à un autre usage, ou pour un temps plus long qu'il ne le devait, il sera tenu de la perte arrivée, même par cas fortuit."
3) Finalement, l'article 1650 conclut : "si la chose prêtée périt par cas fortuit dont l'emprunteur aurait pu la garantir en employant la sienne propre, ou si, ne pouvant conserver que l'une des deux, il a préféré la sienne, il est tenu de la perte de l'autre."

Deux autres articles non moins équitables sont ceux qui traitent du prêt d'argent en espèces ou en lingots.

1) Art .1663-" L'obligation qui résulte d'un prêt d'argent, n'est toujours que la somme numérique énoncée au contrat. S'il y a eu augmentation ou diminution d'espèces avant l'époque du paiement, le débiteur doit rendre la somme numérique prêtée, et ne doit rendre que cette somme dans les espèces ayant cours au moment du paiement."
2) Art. 1665- "Si ce sont des lingots ou des denrées qui ont été prêtés, quelle que soit l'augmentation ou la diminution de leur prix, le débiteur doit toujours rendre la même quantité et qualité, et ne doit rendre que cela."

Certains prêts, soit d'argent, soit de denrées, ou autres choses mobilières sont sujets à intérêt selon les clauses convenues dans le contrat. Aussi l'intérêt invoqué dans l'article 1675 est de deux sortes : "L'intérêt est légal ou conventionnel. L'intérêt légal est fixé par la loi. L'intérêt conventionnel peut excéder celui de la loi, toutes les fois que la loi ne le prohibe pas. Le taux de l'intérêt conventionnel doit être fixé par écrit."

On peut toujours stipuler un intérêt dans un contrat à prêt, mais s'il y a un capital pour garantir ce prêt, le prêteur ne peut faire d'exigence. Dans ce cas ce prêt d'après l'article 1677 prend le nom de constitution de rente. Cette rente peut être constituée de deux manières, en perpétuel ou en viager. Trois articles, 1678,1679, 1680 nous donnent beaucoup plus d'informations.

Art. 1678- " La rente constituée en perpétuel est essentiellement rachetable. Les parties peuvent seulement convenir que le rachat ne sera pas fait avant un délai qui ne pourra excéder dix ans, ou sans avoir averti le créancier au terme d'avance qu'elles auront déterminé."

Art 1679 "Le débiteur d'une rente constituée en perpétuel peut être contraint au rachat, 1) s'il cesse de remplir ses obligations pendant deux années ; 2) S'il manque à fournir au prêteur les sûretés promises par le contrat."

Art 1680- "Le capital de la rente constituée en perpétuel devient aussi exigible en cas de faillite ou de déconfiture du débiteur."

Différentes Théories Sur Le Dépôt Et Le Séquestre

Le dépôt selon l'article 1682 est un acte par lequel on reçoit la chose d'autrui, à la charge de la garder et de la restituer en nature. Dans ce cas il s'agit de biens mobiliers. L'article suivant établit deux espèces de dépôt: le dépôt proprement dit, et le séquestre. Le dépôt proprement dit "est un contrat essentiellement gratuit" Art. 1684.

D'un autre côté, le Code Civil définit le séquestre comme un dépôt qui peut être de deux espèces : conventionnel ou judiciaire. Une autre forme de dépôt est celui du dépôt volontaire. Dans ce segment, nous avons extrait quelques articles appropriés. L'article 1688 définit le dépôt volontaire et met l'accent sur le consentement réciproque : "Le dépôt volontaire se forme par le consentement réciproque de la personne qui fait le dépôt, et de celle qui le reçoit. L'article 1690 discute de la preuve testimoniale; "Le dépôt volontaire doit être prouvé par écrit : la preuve testimoniale n'en est point reçue pour une valeur excédant seize gourdes."

L'article 1691 fait une déduction logique à partir de la somme d'argent prévue par la loi. "Lorsque le dépôt, étant au-dessus de seize gourdes, n'est point prouvé par écrit, celui qui est attaqué comme dépositaire, en est cru sur sa déclaration, soit pour le fait même du dépôt, soit pour la chose qui en faisait l'objet, soit pour le fait de sa restitution."

Le Code Civil parle expressivement du dépositaire et de ses obligations. Ce cas peut être attribué aussi aux personnes qui jouissent de cette position dans les banques. Le dépositaire doit se porter garant de la chose déposée comme un bon père de famille. Ce règlement doit être appliqué avec toutes les rigueurs de la loi d'après l'article 1695."

1) Si le dépositaire s'est offert lui même pour recevoir le dépôt ;
2) S'il a stipulé un salaire pour la garde du dépôt ;
3) Si le dépôt a été fait uniquement pour l'intérêt du dépositaire ;
4) S'il a été convenu expressément que le dépositaire répondrait de toute espèce de faute."

L'indiscrétion, la curiosité ne sont pas admis dans la fonction du dépositaire qui a la garde de la chose déposée. L'article 1698 souligne : "Il ne doit point chercher à connaître quelles sont les choses qui lui ont été déposées, si elles lui ont été confiées dans un coffre fermé ou sous une enveloppe cachetée."

Trois articles, 1700, 1702, 1703 exposent la part de responsabilité du dépositaire :

Art. 1700- "Le dépositaire n'est tenu de rendre la chose déposée que dans l'état où elle se trouve au moment de la restitution. Les détériorations qui ne sont pas survenues par son fait, sont à la charge du déposant."

Art. 1703- "Si la chose déposée a produit des fruits qui aient été perçus par le dépositaire, il est obligé de les restituer. Il ne doit aucun intérêt de l'argent déposé, si ce n'est du jour, où il a été mis en demeure de faire la restitution."

L'article 1702 traite de la responsabilité de l'héritier du dépositaire. "L'héritier du dépositaire, qui a vendu de bonne foi la chose dont il ignorait le dépôt, n'est tenu que de rendre le prix qu'il a reçu, ou de céder son action contre l'acheteur, s'il n'a pas touché le prix."

L'autre espèce de dépôt que nous avons mentionné, est le séquestre. Il peut être conventionnel ou judiciaire. Le séquestre conventionnel selon l'article 1723 est le dépôt fait par une ou plusieurs personnes, d'une chose contentieuse, entre les mains d'un tiers qui s'oblige de la rendre, après la contestation terminée, à la personne qui sera jugée devoir l'obtenir.

Plus loin, l'article 1726 fait une distinction importante sur le séquestre. "Le séquestre peut avoir pour objet, non seulement des effets mobiliers, mais même des immeubles."

Le séquestre judiciaire se fait par ordre judiciaire. Il peut se faire de trois manières.

L'article 1728 stipule : "La justice peut ordonner le séquestre,

1) Des meubles saisis sur un débiteur,
2) D'un immeuble ou d'une chose mobilière dont la propriété ou la possession est litigieuse entre deux ou plusieurs personnes.
3) Des choses qu'un héritier offre pour sa libération

Définition Des Contrats Aléatoires Et De Rente Viagère

L'article 1731 est conçu à partir de la loi numéro vingt sept sur les contrats aléatoires. « Le contrat aléatoire est une convention réciproque dont les effets, quant aux avantages et aux pertes soit pour toutes les parties, soit pour l'une ou plusieurs d'entre elles, dépendent d'un évènement incertain. Tels sont : 1) Le contrat d'assurance ; 2) Le prêt à grosse aventure ; 3) Le jeu et le pari ; Le contrat de rente viagère. Les deux premiers sont régis par les lois maritimes. Le troisième est défendu : ainsi aucune action n'est accordée par la loi pour une dette de jeu ou le paiement d'un pari, de même que pour la restitution de ce que le perdant aurait volontairement payé. »

La rente viagère n'est pas une rente simple moyennant une somme d'argent requis mensuellement ou annuellement, c'est plutôt une rente qui s'étire sur toute une vie moyennant une rémunération en argent ou autre. Nous avons à peu près la même interprétation dans l'article 1732. « La rente viagère peut être constituée à titre onéreux, moyennant une somme d'argent, ou pour une chose mobilière appréciable, ou pour un immeuble. »

Pour être valide, le contrat de rente viagère doit suivre certain principe trouvé dans trois articles. 1) Art. 1733- "Elle peut être aussi constituée, à titre purement gratuit, par donation entre vifs ou par testament. Elle doit être alors revêtue des formes requises par la loi. Réf : C.C. 724-725, 750, 756, 778, etc. 1734, 1737, 1745, Pr. 502,503. 2) Art. 1734- Dans le cas de l'article précédent, la rente viagère est réductible, si elle excède ce dont il est permis de disposer ; elle est nulle, si elle est au profit d'une personne incapable de recevoir. 3) Art. 1737- Elle peut être constituée au profit d'un tiers, quoique le prix en soit fourni par une autre personne. Dans ce dernier cas, quoiqu'elle ait les caractères d'une libéralité, elle n'est point assujettie aux formes requises pour les donations, sauf les cas de réduction et de nullité énoncés dans l'article 1734.

Causes Et Effets D'un Contrat De Rente Viagère

La rente viagère peut être constituée d'après un accord entre les parties à un taux déterminé. A cet effet, la justice peut autoriser l'annulation d'un tel contrat en faveur de l'une des parties bénéficiaires, si les conditions requises ne sont pas clairement stipulées. L'article 1741 en effet, souligne cette clause : "celui au profit duquel la rente viagère a été constituée moyennant un prix, peut demander la résiliation du contrat, si le constituant ne lui donne pas les suretés stipulées pour son exécution."

Une autre importante clause se trouve dans l'article 1742. "Le seul défaut de paiement des arrérages de la rente n'autorise point celui en faveur de qui elle est constituée, à demander le remboursement du capital, ou à rentrer dans le fonds par lui aliéné : il n'a que le droit de saisir et de faire vendre les biens de son débiteur, et de faire ordonner ou consentir sur le produit de la vente, l'emploi d'une somme suffisante pour le service des arrérages."

Non moins importante est l'article 1743 qui situe l'obligation du constituant pour toute l'existence des personnes contractées. Il ne peut pas volontairement renoncer au paiement de la rente. Cette clause le fait prisonnier de cette obligation. " Le constituant ne peut se libérer du paiement de la rente, en offrant de rembourser le capital et en renonçant à la répétition des arrérages payés ;il est tenu de servir la rente pendant toute la vie de la personne ou des personnes sur la tête desquelles la rente a été constituée, quelle que soit la durée de la vie de ces personnes, et quel que onéreux qu'ait pu devenir le service de la rente."

En dernier lieu, l'article 1746 établit comment prend fin une rente viagère. "La rente viagère ne s'éteint pas par la perte des droits civils du propriétaire : le paiement doit en être continué jusqu'à son décès."

Étude Du Mandat- Nature Et Forme

Un mandat est un acte légal qui autorise une tierce personne d'agir et de faire une chose en faveur du mandant. Nous avons donc en présence deux personnages : un mandant et un mandataire. Ces deux personnages ont des devoirs mutuels. Nous statuerons sur la nature et forme du mandat tirés de sept articles du Code Civil 1748 à 1754. 1) L'article 1748 clarifie cette notion : "Le mandat ou procuration est un acte par lequel une personne donne à une autre le pouvoir de faire quelque chose pour le mandant et en son nom. Le contrat ne se forme que par l'acceptation du mandataire."

2) L'article 1749 nous décrit la forme du mandat : "Le mandat peut être donné ou par acte public, ou par écrit sous seing privé, même par lettre. Il peut aussi être donné verbalement mais la preuve testimoniale n'en est reçue que pour une valeur n'excédant pas seize gourdes. L'acceptation du mandat peut n'être que tacite, et résulter de l'exécution qui lui a été donnée par le mandataire."
3) L'article 1750 statue sur la nature du mandat. "Le mandat est gratuit, s'il n'y a convention contraire."
4) L'article 1751 continue sur la nature du mandat. "Il est ou spécial et pour une affaire ou certaines affaires seulement, ou général et pour toutes les affaires du mandant."
5) L'article 1752 met l'accent sur les actes d'administration. « Le mandat conçu en termes généraux n'embrassent que les actes d'administration. S'il s'agit d'aliéner ou hypothéquer, ou de quel q' autre acte de propriété, le mandat doit être exprès. »
6) L'article 1753 élicite le pouvoir conditionnel du mandataire. "Le mandataire ne peut rien faire au delà de ce qui est porté dans son mandat : le pouvoir de transiger ne renferme pas celui de compromettre."
7) Finalement, l'article 1754 parle de l'inclusion de la femme et des mineurs émancipés qui peuvent être éligibles en tant que mandataires. "Les Femmes et les mineurs émancipés peuvent être choisis pour mandataires ; mais le mandant n'a d'action contre le mandataire mineur, que d'après les règles générales relatives aux obligations des mineurs ; et contre la femme mariée qui a accepté le mandat sans

l'autorisation de son mari, que d'après les règles établies par la loi No. 20 sur le contrat de mariage et les droits respectifs des époux."

Obligations Du Mandataire/ Du Mandant

Le mandataire et le mandant comme nous l'avons mentionné plus haut ont des obligations réciproques. Il faut donc suivre à la lettre la phraséologie du texte sous peine d'infraction et d'amende. Par exemple, l'article 1755 nous parle des dommages-intérêts qui pourraient résulter de son inexécution. Il est tenu d'achever la chose commencée au décès du mandant, s'il y a péril en la demeure.

L'article 1756 tient le mandataire salarié responsable de ses négligences. "Le mandataire répond non seulement du dol, mais encore des fautes qu'il commet dans sa gestion. Néanmoins, la responsabilité relative aux fautes est appliquée moins rigoureusement à celui dont le mandat est gratuit qu'à celui qui reçoit un salaire."

L'article 1757 rend le mandataire responsable de sa gestion au mandant. "Tout mandataire est tenu de rendre compte de sa gestion et de faire raison au mandant de tout ce qu'il a reçu en vertu de sa procuration, quand même ce qu'il aurait reçu n eût point été dû au mandant."

Deux cas prévus par l'article 1758 pénalisent le mandataire pour cause de substitution de personne dans la gestion des affaires du mandant. "Le mandataire répond de celui qu'il s'est substitué dans la gestion. 1) Quand il n'a reçu le pouvoir de se substituer quelqu'un ; 2) Quand ce pouvoir lui a été conféré sans désignation d'une personne et que celle dont il a fait choix était notoirement incapable ou insolvable. Dans tous les cas, le mandant peut agir directement contre la personne que le mandataire s'est substituée."

Trois articles pertinents, 1759,1760, 1761 traitent tour à tour ces cas singuliers :1) de la dualité de personnages identiques comme mandataires. 2) du problème d'intérêt sur une somme d'argent utilisé par le mandataire à son profit ; 3) de la divulgation de connaissance au bénéfice d'un tiers.

Art. 1759- “Quand il y a plusieurs fondés de pouvoir ou mandataires établis par le même acte, il n’y a de solidarité entre’ eux, qu’autant qu’elle est exprimée.”

Art. 1760- “Le mandataire doit l’intérêt des sommes qu’il a employées à son usage, à dater de cet emploi ; et de celles dont il est reliquataire à compter du jour qu’il est mis en demeure.”

Art. 1761- “Le mandataire qui a donné à la partie avec laquelle il contracte en cette qualité, une suffisante connaissance de ses pouvoirs, n’est tenu d’aucune garantie pour ce qui a été fait au de là, s’il ne s’y est personnellement soumis.”

Ces articles prévoient aussi comment les mandataires doivent accomplir leurs obligations. En cas de fautes ou de négligences, ils prévoient la peine appropriée selon la loi.

Le mandant à l’égal du mandataire à des obligations envers ce dernier. Nous examinerons cinq articles appropriés sur les obligations du mandant et du mandataire.

1) Art. 1762- “Le mandant est tenu d’exécuter les engagements contractés par le mandataire, conformément au pouvoir qui lui a été donné. Il n’est tenu de ce qui a pu être fait au de là qu’autant qu’il l’a ratifié expressément ou tacitement.”
2) Art. 1763- “Le mandant doit rembourser au mandataire les avances et frais que celui-ci a faits pour l’exécution du mandat et lui payer ses salaires, lorsqu’il en a été promis. S’il n’y a aucune faute imputable au mandataire, le mandant ne peut se dispenser de faire ces remboursement et paiement lors même que l’affaire n’aurait pas réussi, ni faire réduire le montant des frais et avances sous le prétexte qu’ils pouvaient être moindres.”
3) Art. 1764- Le mandant doit aussi indemniser le mandataire des pertes que celui-ci a essuyées à l’occasion de sa gestion, sans imprudence qui lui soit imputable.
4) Art. 1765- L’intérêt des avances faites par le mandataire lui est dû par le mandant à dater du jour des avances constatées.
5) Art. 1766- Lorsque le mandataire a été constitué par plusieurs personnes pour une affaire commune, chacune

d'elles est tenue solidairement envers lui de tous les effets du mandat.

Fin D'Un Mandat

Un mandat prend fin par un acte volontaire ou involontaire du mandataire. Il peut être un acte personnel du mandataire ou un acte provoqué par le mandant. L'article 1767 souligne quatre manières pour la fin d'un mandat. "Le mandat finit, par la révocation du mandataire. Par la renonciation de celui-ci au mandat. Par la mort ou la perte des droits civils, l'interdiction ou la déconfiture, soit du mandant, soit du mandataire."

L'article 1768 met en évidence une clause indépendante de la volonté du mandataire. "Le mandant peut révoquer sa procuration quand bon lui semble, et contraindre, s'il y a lieu, le mandataire à lui remettre, soit, l'écrit sous seing privé qui la contient, soit l'original de la procuration, si elle a été délivrée en brevet, soit l'expédition, s'il en a été gardé minute."

L'article 1769 n'a pas force de loi quand il s'agit d'une personne autre que le mandataire. "La révocation notifiée au seul mandataire ne peut être opposée au tiers qui ont traité dans l'ignorance de cette révocation, sauf au mandant son recours contre le mandataire." Une autre cause terminale est celle évoquée dans l'article 1770 qui suggère la révocation du mandataire et son remplacement dans les formes légales. "La constitution d'un nouveau mandataire pour la même affaire vaut révocation du premier, à compter du jour où elle a été notifiée à celui-ci."

Une autre clause juxtaposée avec un degré d'interdiction est rapportée dans l'article 1771. "Le mandataire peut renoncer au mandat, en notifiant au mandant sa renonciation. Néanmoins, si cette renonciation préjudicie au mandant, il devra en être indemnisé par le mandataire, à moins que celui-ci ne se trouve dans l'impossibilité de continuer le mandat sans en éprouver lui-même un préjudice considérable." Une finalité unique à chacune des clauses termine la série sur le mandat.

Théorie Sur Le Cautionnement, Nature Et Effets

Le cautionnement se définit comme un contrat commercial par lequel une personne s'engage à exécuter une obligation au profit d'un créancier. Selon l'esprit du Code Civil, le cautionnement est un contrat civil par sa nature. Ce genre de contrat provient le plus souvent d'un commerçant. Le cautionnement a donc pour objet de garantir une transaction commerciale. Le Code Civil nous dit aussi qu'une transaction, une dette commerciale tombent sous le coup d'un contrat civil et de ce fait le tribunal qualifié pour statuer sur ce genre d'engagement est le tribunal civil.

L'article 1776 statue sur la validité du cautionnement. "Le cautionnement ne peut exister que sur une obligation valable. On peut néanmoins cautionner une obligation, encore qu'elle pût être annulée par une exception purement personnelle à l'obligé ; par exemple dans le cas de minorité."

L'article suivant nous parle de la limite de la dette. Art. 1777- "Le cautionnement ne peut excéder ce qui est dû par le débiteur ni être contracté sous des conditions plus onéreuses. Il peut être contracté pour une partie de la dette seulement et sous des conditions moins onéreuses."

L'article 1778 fait une rectification et souligne qu'il n'y a pas cause de nullité. " Le cautionnement qui excède la dette, ou qui est contracté sous des conditions plus onéreuses, n'est point nul ; il est seulement réductible à la mesure de l'obligation principale."

Avant d'entamer l'étude des articles ci-dessous, nous aimerions clarifier la notion "se rendre caution." Ce terme signifie simplement se porter garant. L'article 1779 en fait allusion pour nous dire qu'une personne peut y consentir à se rendre caution de son propre vouloir sans l'approbation de celui pour lequel on s'oblige. "On peut se rendre caution sans ordre de celui pour lequel on s'oblige, et même à son insu. On peut aussi se rendre caution non seulement du débiteur principal, mais aussi de celui qui l'a cautionné."

L'article 1780 précise qu'il n'a pas de probabilité en matière de cautionnement. Il doit être précis. Il n'est pas nécessaire qu'il soit constaté par écrit. "Le cautionnement ne se présume point ; il doit être exprès, et on ne peut pas l'étendre au- delà des limites dans lesquelles il a été contracté."

L'étendue d'un cautionnement indéfini sur une obligation principale a deux aspects importants : elle atteint toutes les choses relatives à la dette et à celles postérieures suite à une action en justice. L'article 1781 énonce : "le cautionnement indéfini d'une obligation principale s'étend à tous les accessoires de la dette, même au frais de la première demande, et à tous ceux postérieurs à la dénonciation qui en est faite à la caution."

L'article 1782 statue sur la responsabilité des héritiers de celui qui s'engage et une exception : "Les engagements des cautions passent à leurs héritiers, à l'exception de la contrainte par corps, si l'engagement était tel que la caution y fut obligée."

De même, l'article 1783 souligne la responsabilité d'un débiteur élu. "Le débiteur obligé à fournir une caution doit en présenter une qui ait la capacité de contracter, et qui ait un bien suffisant pour répondre de l'objet de l'obligation, et dont le domicile soit dans le ressort du tribunal civil où elle doit être donnée."

Les articles 1784 et 1785 mettent l'accent sur la solvabilité et l'insolvabilité d'une caution.

Art. 1784- La solvabilité d'une caution ne s'estime qu'eu égard à ses propriétés foncières, excepté en matière de commerce, ou lorsque la dette est modique. "On n'a point égard aux immeubles litigieux, ou dont la discussion deviendrait trop difficile par l'éloignement de leur situation.

Art. 1785- Lorsque la caution reçue par le créancier, volontairement ou en justice, est ensuite devenue insolvable, il doit en être donné une autre. Cette règle reçoit exception dans le cas seulement où la caution n'a été donnée qu'en vertu d'une convention par laquelle le créancier a exigé une telle personne pour caution.

Théorie Sur L'Effet Du Cautionnement Entre Le Créancier Et La Caution/ Du Cautionnement Entre Le Débiteur Et La Caution/Et Du Cautionnement Entre Les Cofidéjusseurs

Le nouveau Palais Législatif

En général, un créancier est une personne réelle ou fictive qui fait des transactions monétaires avec le public. Il avance une somme qui doit être payée à terme selon le contrat convenu. Le débiteur est la personne responsable de la facture contractée avec le créancier. Un cofidéjusseur est une entité, un amalgame de personnes se portant garant d'une caution en faveur d'un débiteur pour une même dette. Une théorie veut que la caution oppose le bénéfice de discussion des biens du débiteur principal. Une autre théorie, selon la jurisprudence, autorise la caution à recourir même contre ceux qu'elle n'a pas cautionnés.

Les effets du cautionnement entre le créancier et la caution sont évoqués dans à peu près huit articles suivants.

1) Art. 1786- La caution n'est obligée envers le créancier à le payer qu'à défaut du débiteur, qui doit être préalablement discuté dans ces biens à moins que la caution n'ait renoncé au bénéfice de discussion, ou à moins qu'elle ne soit obligée solidairement avec le débiteur, auquel cas l'effet de son engagement se règle par les principes qui ont été établis pour les dettes solidaires.
2) Art. 1787- Le créancier n'est obligé de discuter le débiteur principal que lorsque la caution le requiert sur les premières poursuites dirigées contre elle.
3) Art. 1788- La caution qui requiert la discussion, doit indiquer au créancier les biens du débiteur principal et avancer les deniers suffisants pour faire la discussion, Elle ne doit indiquer ni des biens du débiteur principal situés hors du ressort du tribunal civil du lieu où le paiement doit être fait, ni des biens litigieux, ni ceux hypothéqués à la dette qui ne sont plus en la possession du débiteur.
4) Art. 1789- Toutes les fois que la caution a fait l'indication de biens autorisés par l'article précédent, et qu'elle a fourni les deniers suffisants pour la discussion, le créancier est, jusqu'à concurrence des biens indiqués, responsable, à l'égard de la caution, de l'insolvabilité du débiteur principal survenue par défaut de poursuite.
5) Art. 1790- Lorsque plusieurs personnes se sont rendues cautions d'un même débiteur pour une même dette, elles sont obligées chacune à toute la dette.
6) Art. 1791- Néanmoins, chacune d'elles peut, à moins qu'elle n'ait renoncé au bénéfice de division, exiger que le créancier divise préalablement son action et la réduire à la part et portion de chaque caution.
7) Art. 1792- Lorsque dans le temps où une des cautions a fait prononcer la division, il y en avait d'insolvables, cette caution est tenue proportionnellement de ces insolvabilités ; mais elle ne peut plus être recherché à raison des insolvabilités survenues depuis la division.
8) Art. 1793- Si le créancier a divisé lui-même et volontairement son action, il ne peut revenir contre cette division, quoiqu'il y eût, même antérieurement au temps où il l'a ainsi consentie, des cautions insolvables.

Les Effets Du Cautionnement Entre Débiteur Et La Caution

Les effets du cautionnement entre le débiteur et la caution sont à peu près aussi proportionnels à l'encontre du débiteur. La jurisprudence donne droit de recours à la caution dans bon nombre de circonstances. Ces circonstances sont plus positives que négatives. Nous tirons pour vous cinq articles traitant de ce sujet. De ces cinq articles, quatre sont positifs et vont à l'actif de la caution.

1) Art. 1794- La caution qui a payé, a son recours contre le débiteur principal, soit que le cautionnement ait été donné au su ou à l'insu du débiteur. Ce recours a lieu tant pour le principal que pour les intérêts et les frais ; néanmoins la caution n'a de recours que pour les frais par elle faits depuis qu'elle a dénoncé au débiteur principal les poursuites dirigées contre elle. Elle a aussi recours pour les dommages et intérêts, s'il y a lieu.
2) Art. 1795- La caution qui a payé la dette, est subrogée à tous les droits qu'avait le créancier contre le débiteur.
3) Art. 1796- Lorsqu'il y avait plusieurs débiteurs principaux solidaires d'une même dette, la caution qui les a tous cautionnés, a, contre chacun d'eux le recours pour la répétition du total de ce qu'elle a payé.
4) Art. 1797- La caution qui a payé une première fois, n'a point de recours contre le débiteur principal qui a payé une seconde fois, lorsqu'elle ne l'a point averti du paiement par elle fait ; sauf son action en répétition contre le créancier.
5) Art. 1798 La caution, même avant d'avoir payé peut agir contre le débiteur, pour être par lui indemnisée, a) Lorsqu'elle est poursuivie en justice pour le paiement; b) Lorsque le débiteur a fait faillite ou est en déconfiture; c)Lorsque le débiteur s'est obligé de lui rapporter sa décharge dans un certain temps; d) Lorsque la dette est devenue exigible par l'échéance du terme sous lequel elle avait été contractée; e) Au bout de dix années, lorsque l'obligation principale, n'a point de terme fixe d'échéance, à moins que l'obligation principale, telle qu'une tutelle ne

soit pas de nature à pourvoir être éteinte avant un temps déterminé.

Le Code Civil n'a rapporté qu'un seul effet de cautionnement entre les cofidéjusseurs. La caution qui a pris la dette en charge a droit de recours contre toutes les autres cautions pour sa portion légale. Ceci est dit dans l'article 1799. "Lorsque plusieurs personnes ont cautionné un même débiteur pour une même dette, la caution qui a acquitté la dette a recours contre les autres cautions chacune pour sa part et portion. Mais ce recours n'a lieu que lorsque la caution a payé dans l'un des cas énoncés dans l'article précédent."

Fin du Cautionnement

Le cautionnement prend fin de cinq manières. 1) des mêmes causes provenant des autres obligations 2) par confusion de personnes responsables 3) par négligence du créancier qui rend le recours de la caution impossible; 4) par acceptation volontaire du créancier à absorber le coût de la dette; 5) par simple prorogation ou prolongation de terme accordée par le créancier au débiteur principal, sans perdre son droit de recours contre la caution.

Différence Entre Caution Légale Et Caution Judiciaire

Nous avons dit qu'une caution peut être une personne réelle ou fictive, mais aussi une société commerciale, ou une entité incorporelle, par exemple, un bon d'aval. On distingue deux types de caution : légale et judiciaire. La caution est légale quand elle est dictée sous l'impulsion de la loi. Elle est judiciaire quand il y a action de contrainte par corps. Nous lisons dans l'article 1806 le concept de caution légale et judiciaire. « Toutes les fois qu'une personne est obligée, par la loi ou par une condamnation, à fournir une caution, la caution offerte doit remplir les conditions prescrites par les articles 1783, 1784. Code de Procédure Civile 167, 168 Code d'Instruction Criminelle 96.

Lorsqu'il s'agit d'un cautionnement judiciaire, la caution doit, en outre, être susceptible de contrainte par corps. »

L'article 1807 nous éclaire sur cette entité incorporelle; "Celui qui ne peut pas trouver une caution, est reçu à donner à sa place un gage en nantissement suffisant."

Les articles 1808 et 1809 plaident la négation de la discussion d'un débiteur principal.

Art. 1808- La caution judiciaire ne peut point demander la discussion du débiteur principal.

Art.1809- Celui qui a simplement cautionné la caution judiciaire, ne peut demander la discussion du débiteur principal et de la caution.

Règles sur les Transactions

Le terme transaction n'est pas pris dans son sens étymologique. Il est plutôt utilisé dans un sens juridique. Ainsi, Il est assimilé à un contrat dans lequel deux parties terminent une contestation et essayent de prévenir une autre. Le Code Civil en son article 1810 précise : "La transaction est un contrat par lequel les parties terminent une contestation née ou préviennent une contestation à naître. Ce contrat doit être rédigé par écrit."

L'article 1811 nous parle de la capacité de celui qui dispose des objets de la transaction. "Pour transiger il faut avoir la capacité de disposer des objets compris dans la transaction. Le tuteur ne peut transiger pour le mineur ou l'interdit que conformément à l'article 377 sur la loi No. 9, sur la minorité, la tutelle et l'émancipation, et il ne peut transiger avec le mineur devenu majeur sur le compte de tutelle que conformément à l'art. 382 en la même loi."

L'article 1812 permet de transiger sur un intérêt civil entaché d'un délit. Cet article peut être très équivoque dans son interprétation. Il est ainsi conçu : "On peut transiger sur l'intérêt civil qui résulte d'un délit. La transaction n'empêche pas la poursuite du ministère public." Les matières qui touchent à l'ordre public peuvent être interdits mais, cette interdiction ne s'étend pas aux intérêts civils qui émergent de ces matières. Réf: Dalloz, Recueil Périodique p.93.2.201

Enfin l'article 1823 mentionne un cas de nullité ou non, pour cause de rescision. "Lorsque les parties ont transigé généralement sur toutes les affaires qu'elles pouvaient avoir ensemble, les titres qui leur étaient alors inconnus, et qui auraient été postérieurement découverts, ne sont point une cause de rescision, à moins qu'ils n'aient été retenus par le fait de l'une des parties. Mais la transaction serait nulle si elle n'avait qu'un objet sur lequel l'une des parties n'avait aucun droit.

Quand nous avons abordé le volet sur la caution légale ou judiciaire, nous avons établi la différence entre ces deux termes. Parlant de la caution judiciaire, nous avons dit que cette caution pouvait être susceptible de contrainte par corps. Notre objectif était d'élaborer un peu plus sur ce passage : Contrainte par corps, qui mérite une attention particulière. En effet, le Code Civil est très rigoureux et minutieux dans l'application et la réalisation d'une telle contrainte. Il analyse comment et dans quelle circonstance s'applique une telle procédure. Une telle procédure se trouve dans l'article 1825 qui soulève la notion de stellionat. On utilise ce dernier terme dans deux cas spécifiques : 1) lorsqu'on vend un titre de propriété qui ne vous appartient pas à deux ou plusieurs personnes, 2)lors qu'on donne assurance que le bien n'est pas grevé d'hypothèques ou que l'hypothèque est en dessous du montant original. "La contrainte par corps a lieu, en matière civile, pour le stellionat. Il y a stellionat, lorsqu'on vend ou qu'on hypothèque un immeuble dont on sait n'être pas propriétaire. Lorsqu'on présente comme libres des biens hypothéqués , ou que l'on déclare des hypothèques moindres que celles dont ces biens sont chargés." L'article 1826 nous donne une liste de cas pour lequel la contrainte par corps entre en action :" La contrainte par corps a lieu pareillement, 1) pour dépôt nécessaire ; 2) en cas de réintégrande, pour le délaissement, ordonné par justice, d'un fonds dont le propriétaire a été dépouillé par voie de fait; pour la restitution des fruits qui ont été perçus pendant l'indue possession et pour le paiement des dommages et intérêts adjugés au propriétaire; 3) pour répétition de deniers consignés entre les mains de personnes publiques établies à cet effet; 4) pour la représentation des choses déposées aux séquestres, commissaires et autres gardiens; 5) contre les cautions judiciaires, et contre les cautions des contraignables par corps, lorsqu'elles se sont soumises à cette contrainte; 6) contre tous officiers publics, pour la représentation de leurs minutes quand elle est ordonnée; 7) contre les notaires, les défenseurs publics et les huissiers, pour la restitution des titres à eux confiés, et des deniers par eux reçus pour leurs clients, par suite de leurs fonctions.

Un autre article, 1827, sur un jugement au pétitoire, un jugement pour entrer en possession d'un titre lésé, peut aboutir à un second jugement de contrainte par corps. "Ceux qui, par jugement rendu au pétitoire, et passé en force de chose jugée, ont été condamnés à désemparer un fonds et qui refusent d'obéir, peuvent par un second jugement, être contraints par corps, quinzaine après la signification du premier jugement à personne ou à domicile. Si le fonds ou l'héritage est éloigné de plus de cinq lieues du domicile de la partie condamnée, il sera ajouté au délai de quinzaine, un jour par cinq lieues.

Un ordre de contrainte et de non contrainte par corps est soulevée dans l'article 1828. "La contrainte par corps ne peut être ordonnée contre les fermiers pour le paiement des fermages des biens ruraux, si elle n'a été stipulée formellement dans l'acte de bail. Néanmoins, les fermiers et les colons partiaires peuvent être contraints par corps, faute par eux de représenter, à la fin du bail, le cheptel du bétail, les semences et les instruments aratoires qui leur ont été confiés ; à moins qu'ils ne justifient que le déficit de ces objets ne procède point de leur fait."

Alors que la liste mentionnée dans l'article 1826 soit très exhaustive et singulière contre les officiers publics et les notaires, celle de l'article 1829 sur la contrainte par corps est plus définitive et prohibitive. "Hors les cas déterminés par les articles précédents, ou qui pourraient l'être à l'avenir par une loi formelle, il est défendu à tous juges de prononcer la contrainte par corps ; à tous notaires et greffiers de recevoir des actes dans lesquels elle serait stipulée ; et à tous Haïtiens de consentir pareils actes, encore qu'ils eussent été passés en pays étranger ; le tout à peine de nullité, dépends, dommages et intérêts."

Une série d'articles prohibitifs sur la contrainte par corps interdit l'application de cette dernière contre les mineurs, les personnes ayant soixante ans révolus, les femmes et filles stellionataires.

Théories Sur Le Nantissement/ Le Gage/ L' Antichrèse

Ces trois vocables se forment individuellement par un contrat. Ils peuvent être réels ou incorporels. En ce dernier sens, ils peuvent être donnés en nantissement, par exemple un fonds de commerce. Ils peuvent être réels, dans ce cas on parle de gage. Un autre cas de contrat réel est celui de l'antichrèse. Dans les trois types de contrat, interviennent deux personnages importants : un débiteur et un créancier. On décrit un débiteur comme une entité réelle ou incorporelle qui doit un certain montant à un créancier qu'on passe à l'actif d'un compte ouvert pour une transaction. Un créancier d'un autre côté, est une entité réelle ou incorporelle , qui est détenteur d'un titre légal de commerce, de propriétés ou autres types de transactions monétaires et qui fournit une prestation à un débiteur, passif d'un compte prévu pour prouver cette transaction. En comptabilité, ces deux comptes doivent être en harmonie et balance.

Une notion juridique du nantissement est supplée dans l'article 1838. "Le nantissement est un contrat par lequel un débiteur remet une chose à son créancier pour sureté de la dette."

L'article 1839 établit une distinction au niveau du nantissement qui peut être dénommé de deux manières.

"Le nantissement d'une chose mobilière s'appelle gage. Celui d'une chose immobilière s'appelle antichrèse."

Alors que la comptabilité capture les transactions, le Code Civil, par la voie de ses officiers publics autorise les deux parties, débiteur et créancier à exercer leurs droits légaux.

L'article 1840 nous donne un exemple : "Le gage confère au créancier le droit de se faire payer sur la chose qui en est l'objet par privilège et préférence aux autres créanciers." Cependant, pour que ce gage soit légal, il doit suivre certaine forme. L'article 1841 nous donne plus de renseignements. "Ce privilège n'a lieu qu'autant qu'il y a un acte public ou sous seing privé, dûment enregistré, contenant la déclaration de la somme due, ainsi que l'espèce et la nature des choses remises en gage, ou un état annexé de leur qualité, poids et mesure. La rédaction de l'acte par écrit et son enregistrement ne sont néanmoins prescrits qu'en matière excédant la valeur de seize gourdes." Bien que le créancier puisse demander à la justice de se faire rembourser, il n'a pas le droit de disposer du gage. Ce point est élucidé dans l'article 1845. "Le créancier ne peut, à défaut de paiement, disposer du gage ; sauf à lui faire ordonner en justice que ce gage lui demeurera, en paiement, et jusqu'à due concurrence, d'après une estimation faite par experts ; ou qu'il sera vendu aux enchères. Toute clause qui autoriserait le créancier à s'approprier le gage où à en disposer sans les formalités ci-dessus, est nulle. Le débiteur d'un autre côté, ne peut demander la restitution du gage, tant qu'il n'aura acquitté ses redevances, capital plus intérêt. Nous lisons ceci dans l'article 1849." Le débiteur ne peut, à moins que le détenteur du gage n'en abuse, en réclamer la restitution qu'après avoir entièrement payé, tant en principal qu'intérêts et frais, la dette pour sûreté de laquelle le gage a été donné. S'il existait de la part du même débiteur, envers le même créancier, une autre dette contractée postérieurement à la mise en gage, et devenue exigible avant le paiement de la première dette, le créancier ne pourra être tenu de se dessaisir du gage avant d'être entièrement payé de l'une et de l'autre dette, lors même qu'il n'y aurait eu aucune stipulation pour affecter le gage au paiement de la seconde."

Autour De L'Antichrèse

Le dernier volet de ce triptyque contractuel tourne autour de l'antichrèse qui est un nantissement d'une chose immobilière. Une antichrèse ne s'établit que par écrit d'après l'article 1852. En plus, le créancier n'acquiert par ce contrat que la faculté de percevoir les fruits de l'immeuble, à la charge de les imputer annuellement sur les intérêts, s'il lui est dû, et en suite sur le capital de sa créance. Concernant les limites et droits des créanciers et des débiteurs, les articles 1853,1854, 1855 nous donnent la marche à suivre.

1) Art. 1853- Le créancier est tenu, s'il n'en est autrement convenu, de payer les contributions et les charges annuelles de l'immeuble qu'il tient en antichrèse. Il doit également sous peine de dommages et intérêts, pourvoir à l'entretien et aux réparations utiles et nécessaires de l'immeuble, sauf à prélever sur les fruits toutes les dépenses relatives à ces divers objets.
2) Art. 1854- Le débiteur ne peut, avant l'entier acquittement de la dette, réclamer la jouissance de l'immeuble qu'il a remis en antichrèse. Mais le créancier qui veut se décharger des obligations exprimées en l'article précédent, peut toujours ă moins qu'il n'ait renoncé à ce droit, contraindre le débiteur à reprendre la jouissance de son immeuble.
3) Art. 1855- Le créancier ne devient point propriétaire de l'immeuble par le seul défaut de paiement au terme convenu ; toute clause contraire est nulle : en ce cas, il peut poursuive l'expropriation de son débiteur par les voies légales.

Clauses Résolutoires Sur Les Privilèges Et Les Hypothèques

Dans ce nouveau chapitre, deux thèmes majeurs de la phraséologie juridique : privilèges et hypothèques, seront le souci de notre étude. Quand on parle d'un privilège, on se réfère à un droit préférentiel qui est accordé à un créancier sur plusieurs autres créanciers prétendants. Ce droit est une obligation qu'un créancier est tenu d'accomplir. L'article 1859 souligne l'objet d'une telle obligation : "Quiconque s'est obligé personnellement est tenu de remplir son engagement sur tous ses biens mobiliers et immobiliers, présents et à venir." On verra aussi que les causes préférentielles du choix d'un créancier sont les privilèges et les hypothèques rapportées dans l'article 1861. "Les causes légitimes de préférence sont les privilèges et hypothèques." Quand le choix préférentiel est retenu, il est appliqué selon les normes de la nomenclature juridique, c'est à dire la position, le rang du créancier dans le lot. Cette position est mentionnée dans l'article 1864. "Les créanciers privilégiés qui sont dans le même rang, sont payés par concurrence." L'article 1865 invoque l'exercice d'un tel droit sur le trésor public qui se fait selon les normes et règles de la justice. "Le privilège, à raison des droits du trésor

public, et l'ordre dans lequel il s'exerce, sont réglés par les lois qui les concernent. Le trésor public ne peut cependant obtenir de privilège, au préjudice des droits antérieurement acquis à des tiers.

Nous disons donc que ces privilèges pouvaient être distribués sur tous les biens mobiliers ou immobiliers. Ils étaient faits par ordre d'importance. L'article 1868 fournit une liste de tous les effets mobiliers. " Les créances privilégiées sur la généralité des meubles sont celles ci- après exprimées, et s'exercent dans l'ordre suivant : 1) Les frais de justice; 2) Les frais funéraires ; 3) Les frais quelconques de la dernière maladie, concurremment entre ceux à qui ils sont dus; 4) Les salaires de gens de service, pour l'année échue et ce qui est dû sur l'année courante; 5) Les fournitures de subsistances faites au débiteur et à sa famille, savoir: pendant les six derniers mois par les marchands en détail, tels que boulangers, bouchers et autres, et pendant la dernière année, par les maîtres de pension et les marchands en gros."

Une autre liste plus ou moins détaillée sur certains meubles est aussi importante que la première, déterminera les préférences entre les divers créanciers. Cette longue liste est décrite dans l'article 1869 :"Les créances privilégiées sur certains meubles sont: 1) Les loyers et fermages des immeubles, sur les fruits de la récolte de l'année, et sur le prix de tout ce qui garnit la maison louée ou la ferme, et de tout ce qui sert à l'exploitation de la ferme; savoir, pour tout ce qui est échu, et pour tout ce qui est à échoir, si les baux sont authentiques, ou si, étant sous signature privée, ils ont une date certaine; et, dans ces deux cas, les autres créanciers ont le droit de relouer la maison ou la ferme pour le restant du bail, et de faire leur profit des baux ou fermages, à la charge toutefois de payer au propriétaire tout ce qui lui serait encore dû ; et à défaut de baux authentiques, ou lorsqu'étant sous signature privée, ils n'ont pas une date certaine pour une année, à partir de l'expiration de l'année courante. Le même privilège a lieu pour les réparations locatives, et pour tout ce qui concerne l'exécution du bail. Néanmoins ,les sommes dues pour les semences ou pour les frais de la récolte de l'année , sont payées sur le prix de la récolte, et celles dues pour ustensiles, sur le prix de ces ustensiles, par préférence au propriétaire dans l'un et l'autre cas; le propriétaire peut saisir les meubles qui garnissent sa maison ou sa ferme, lorsqu'ils ont été déplacés sans son consentement, et il conserve sur eux son privilège, pourvu qu'il ait fait la revendication ; savoir, lorsqu'il s'agit du mobilier qui garnissait une ferme, dans le délai de quarante jours; et dans celui de quinzaine, s'il s'agit des meubles garnissant une maison. 2) La créance sur le gage dont le créancier est saisi; 3)Les frais faits pour la conservation de la chose; 4) Le prix d'effets mobiliers non payés, s'ils sont encore en la possession du débiteur, soit qu'il ait acheté à terme ou sans terme; si la vente a été faite sans terme, le vendeur peut, même revendiquer ses effets, tant qu'ils sont en la possession de l'acheteur, et en empêcher la revente, pourvu que la revendication soit faite dans la huitaine de la livraison, et que les effets se trouvent dans le même état dans lequel cette livraison a été faite; le privilège du vendeur ne s'exerce toutefois qu'après celui du propriétaire de la maison ou de la ferme à moins qu'il ne soit prouvé que le propriétaire avait connaissance que les meubles et autres objets garnissant sa maison ou sa ferme n'appartenaient pas au locataire; il n'est rien innové aux lois et usages du commerce sur la revendication. 5) Les fournitures d'un aubergiste, sur les effets du voyageur qui ont été transportés dans son auberge; 6) Les frais de voiture ou de transport et les dépenses accessoires, sur la chose voiturée ou transportée; 7) Les créances résultant d'abus et prévarications commis par les fonctionnaires publics dans l'exercice de leurs fonctions, sur les fonds de leur cautionnement, et sur les intérêts qui peuvent en être dus."

Le législateur prévoyant et perspicace a formulé des articles sur les privilèges des biens mobiliers en les classant suivant le degré d'importance du créancier. Il utilisera la même stratégie pour les privilèges sur les biens immobiliers. Il codifiera une série de clauses dégressives mentionnant le bénéficiaire. Tout ceci peut être vérifié dans l'article 1870. "Les créanciers privilégiés sur les immeubles sont : 1) Le vendeur sur l'immeuble vendu, pour le paiement du prix; s'il y a plusieurs ventes successives dont le prix soit dû en tout ou en partie, le premier vendeur est préféré au second, le deuxième au troisième, et ainsi de suite; 2) Ceux qui ont fourni les deniers pour l'acquisition d'un immeuble, pourvu qu'il soit authentiquement constaté, par l'acte d'emprunt, que la somme était destinée à cet emploi, et, par la quittance du vendeur, que ce paiement a été fait des deniers empruntés; 3) Les cohéritiers, sur les immeubles de la succession, pour la garantie des partages faits entre eux et des soultes et retour des lots; 4) Les architectes, entrepreneurs, maçons et autres ouvriers employés pour édifier, reconstruire ou réparer des bâtiments, canaux ou autres ouvrages quelconques, pourvu néanmoins que, par un expert nommé d'office par le tribunal civil dans le ressort duquel les bâtiments sont situés, il ait été dressé préalablement un procès verbal, à l'effet de constater l'état des lieux relativement aux ouvrages que le propriétaire déclarera avoir le dessein de faire, et que les ouvrages aient été dans les six mois au plus de leur perfection, reçus par un expert également nommé d'office. Mais le montant du privilège ne peut excéder les valeurs constatées par le second procès-verbal, et il se réduit à la plus-value existante à l'époque de l'aliénation de l'immeuble et résultant des travaux qui y ont été faits. 5) Ceux qui ont prêté les deniers pour payer ou rembourser les ouvriers jouissent du même privilège pourvu que cet emploi soit authentiquement constaté par l'acte d'emprunt, et par la quittance des ouvriers, ainsi qu'il a été dit ci-dessus, pour ceux qui ont prêté les deniers pour l'acquisition d'un immeuble."

Un article final relatif aux privilèges sur les meubles peut autoriser un bénéficiaire à se pourvoir en justice pour être remboursé sur un bien immobilier. L'ordre de séparation est produit dans l'article 1872. " Lorsqu'à défaut de mobilier les privilégiés énoncés dans l'article précédent se présentent pour être payés sur le prix d'un immeuble en concurrence avec les créanciers privilégiés sur l'immeuble, les paiements se font dans l'ordre qui suit : 1) Les frais de justice et autres énoncés en l'article 1868; 2) Les créanciers désignés en l'article 1870.

Théories Sur Les Différents Types D'Hypothèques

En général, on définit une hypothèque comme un droit réel, légal ou judiciaire que détient un créancier sur un effet, en l'occurrence un bien immobilier. L'hypothèque reste et demeure indivisible. L'article 1883 précise qu'il y a trois types d'hypothèques. "Elle est ou légale ou judiciaire; ou conventionnelle."

Elle est légale quand elle résulte de la loi. Elle est judiciaire quand elle résulte des jugements ou actes judiciaires. Elle est conventionnelle quand elle dépend des conventions et de la forme extérieure des actes et des contrats selon l'article 1884. Avant d'étudier chacune de ces hypothèques individuellement, le Code Civil détermine que l'hypothèque affecte seulement les biens immobiliers et leurs accessoires réputés immeubles. Art. 1885.

Autour Des Hypothèques Légales

L'une des particularités des hypothèques légales est son origine. Elle est la résultante d'une loi, en l'occurrence la loi du 27 Août 1913, formulée dans les articles 6 et 7. Le Code Civil fait une décantation de cette loi, et l'applique à trois cas spécifiques d'individus qui seront autorisés à jouir d'un tel privilège. "Les droits et créances auxquels l'hypothèque légale est attribuée, sont: 1) Ceux des femmes mariées sur les biens de leurs maris; 2) Ceux des mineurs et interdits, sur les biens de leurs tuteurs; 3)Ceux de l'État, sur les biens des receveurs et administrateurs comptables.

Nous rapportons maintenant la loi du 27 août dans sa totalité. Art. 6- Si, la veuve, le mineur devenu majeur, l'interdit relevé de l'interdiction, leurs héritiers ou ayants cause n'ont pas pris inscription dans l'année qui suit la dissolution du mariage ou la cessation de la tutelle, leur hypothèque ne date, à l'égard des tiers, que du jour des inscriptions prises ultérieurement. Art. 7- Dans le cas où la femme peut céder son hypothèque légale ou y renoncer, cette cession ou renonciation doit être faite par acte authentique, et les cessionnaires n'en sont saisis à l'égard des tiers que par l'inscription de cette hypothèque prise à leur profit ou par la mention de la subrogation en marge de l'inscription préexistante. Les dates des inscriptions ou mentions déterminent l'ordre dans lequel ceux qui ont obtenu des cessions ou renonciations exercent les droits hypothécaires de la femme.

Certes la loi du 27 Août était d'une importance capitale, mais son objectif majeur était aussi de prévenir les hypothèques frauduleuses. En effet, les mineurs en passe de devenir majeurs, étaient suggérés d'inscrire leur hypothèque légale pour conserver leur rang.

Autour Des Hypothèques Judiciaires

Les hypothèques judiciaires, une fois encore, sont la résultante de jugements contradictoires, provisoires, définitifs ou par défaut. Elles proviennent comme les hypothèques légales de la loi du 27 août 1913 en son article 4. Il est donc juste de vérifier l'essence de la conception d'un tel article. Le Code Civil en son article 1890 nous gratifie de ces diverses clauses. « L'hypothèque judiciaire résulte des jugements, soit contradictoires, soit par défaut, définitifs ou provisoires, en faveur de celui qui les a obtenus. Elle résulte aussi des reconnaissances ou vérifications, faites en jugements, des signatures apposées à un acte obligatoire sous seing privé. Elle peut s'exercer sur les immeubles actuels du débiteur, et sur ceux qu'il pourra acquérir, sauf aussi les modifications qui seront ci-après exprimées. Les décisions arbitrales n'emportent hypothèque qu' autant qu'elles sont revêtues de l'ordonnance judiciaire d'exécution. L'hypothèque ne peut pareillement résulter des jugements rendus en pays étranger qu'autant qu'ils ont été rendus exécutoires par un tribunal haïtien; sans préjudice des dispositions contraires qui peuvent être dans les lois politiques ou dans les traités. A partir de la transcription, les créanciers ayant privilège ou hypothèque, aux termes des articles 1890, 1894 et 1895 du Code Civil, ne peuvent utilement prendre inscription sur le précédent propriétaire. Néanmoins, le vendeur ou le copartageant peuvent utilement inscrire les privilèges à eux conférés par les articles 1875 et 1876 du Code Civil, dans le mois de l'acte de vente ou de partage, nonobstant toute transcription d'actes passés dans ce délai. »

Autour Des Hypothèques Conventionnelles

Les différentes théories qui tournent autour des hypothèques conventionnelles sont celles de la procuration consentie à un mandataire, de la constitution de l'hypothèque qui peut être assimilée à une hypothèque d'usufruit, du prix quantitatif en dessous de l'estimation quand cette différence est survenue à la suite d'une clause inclusive du contrat, de l'hypothèque consentie aux héritiers , de l'état d'indivision. Nous mettrons en pratique quelques articles du Code Civil qui sont bâtis autour de ces théories. En effet, L'article 1891 nous parle de la capacité de ceux qui ont droit de consentir une telle hypothèque. "Les hypothèques conventionnelles ne peuvent être consenties que par ceux qui ont la capacité d'aliéner les immeubles qu'ils y soumettent." L'article 1892 est entaché d'une condition. "Ceux qui n'ont sur l'immeuble qu'un droit suspendu par une condition, ou résoluble dans certains cas, ou sujet à rescision, ne peuvent consentir qu'une hypothèque soumise aux mêmes conditions ou à la même rescision." Ensuite, l'article 1893 revient sur un terme rébarbatif : la capacité des mineurs, interdits et les absents. "Les biens des mineurs, des interdits, et ceux des absents, tant que la possession n'en est déférée que provisoirement, ne peuvent être hypothéqués que pour les causes et dans les formes établies par la loi, ou en vertu de jugements."

Puis, l'article 1894 nous présente la forme légale pour que cette hypothèque soit valable. "L'hypothèque conventionnelle ne peut être consentie que par un acte passé en forme authentique devant deux notaires."

L'article 1895 est d'une importance extrême. Il se concentre sur les contrats d'hypothèques conclus en pays étranger qui ne sont pas applicables sur les biens en Haïti à moins qu'une loi politique ou un traité les autorisent. Ce dernier terme était scrupuleusement inclus pour se mettre au diapason avec le commandeur de l'heure. "Les contrats passés en pays étranger ne peuvent donner d'hypothèque sur les biens d'Haïti, s'il n'y a des dispositions contraires à ce principe dans les lois politiques ou dans les traités."

Règlements Pour L'Inscription Des Privilèges Et Des Hypothèques

Nous nous sommes appesantis sur les privilèges et les hypothèques qui sont deux éléments essentiels et nécessaires pour le bon fonctionnement économique d'une société. Ils sont tellement importants que le législateur a crû bon de faire enregistrer ces deux éléments au bureau de conservation des hypothèques et des privilèges. Ceci est rapporté dans l'article 1913 qui passe en revue le mode d'inscription suivant les principes de la loi. "Les inscriptions se font au bureau de conservation des hypothèques dans le ressort duquel sont situés les biens soumis au privilège et à l'hypothèque. Elles ne produisent aucun effet, si elles sont prises dans le délai pendant lequel les actes faits avant l'ouverture des faillites, sont déclarés nuls. Il en est de même entre les créanciers d'une succession, si l'inscription n'a été faite par l'un d'eux que depuis l'ouverture, et dans le cas où la succession n'est acceptée que par bénéfice d'inventaire."

L'article 1915 suivant fournit une liste de dispositions nécessaires pour faire l'inscription : « Pour opérer l'inscription, le créancier représente, soit par lui-même, soit par un tiers, au conservateur des hypothèques, l'original en brevet ou une expédition authentique du jugement ou de l'acte qui donne naissance au privilège ou à l'hypothèque. Il y joint deux bordereaux écrits sur papier timbré, dont l'un peut être porté sur l'expédition du titre, ils contiennent: 1) Les nom, prénom, domicile du créancier, sa profession, s'il en a une , et l'élection d'un domicile pour lui dans un lieu quelconque du ressort du bureau.2) Les nom, prénom, domicile du débiteur, sa profession, s'il en a une connue, ou une désignation individuelle et spéciale, telle que le conservateur puisse reconnaître et distinguer, dans tous les cas, l'individu grevé d'hypothèque. 3) La date et la nature du titre. 4) Le montant du capital des créances exprimées dans le titre, ou évaluées par l'inscrivant, pour les rentes et prestations, ou pour les droits éventuels, conditionnels ou indéterminés, dans les cas où cette évaluation est ordonnée, comme aussi le montant des accessoires de ces capitaux, et l'époque de l'exigibilité. 5) L'indication de l'espèce et de la situation des biens sur lesquels il entend conserver son privilège ou son hypothèque. Cette dernière disposition n'est pas nécessaire dans le cas des hypothèques légales ou judiciaires : à défaut de convention, une seule inscription, pour ces hypothèques, frappe tous les immeubles compris dans le ressort du bureau. »

Après avoir suivi toutes ces procédures, le conservateur du bureau des hypothèques délivre au requérant un reçu accusant l'inscription. Une fois enregistrée, l'inscription permet au requérant d'entrer en possession de son privilège. Cette inscription aussi donne une période de dix ans accomplis pour l'entérinement des droits du bénéficiaire. Cette idée est exprimée dans l'article 1924: "Les inscriptions conservent l'hypothèque et le privilège pendant dix années, à compter du jour de leur date: leur effet cesse, si ces inscriptions n'ont été renouvelées avant l'expiration de ce délai." L'article 1923 nous informe quel tribunal est compétent pour statuer sur un différent à propos de l'inscription.

"Les actions auxquelles les inscriptions peuvent donner lieu contre les créanciers, seront intentées, devant le tribunal compétent, par exploits faits à leur personne, ou au dernier des domiciles élus sur leur registre ; et ce , nonobstant le décès soit des créanciers, soit de ceux chez lesquels ils auront fait élection de domicile."

Fin Des Privilèges Et Des Hypothèques

Les privilèges et les hypothèques prennent fin de plusieurs manières rapportées dans l'article 1947. Voici la teneur : "Les privilèges et hypothèques s'éteignent : 1) par l'extinction de l'obligation principale ; 2) par la renonciation du créancier à l'hypothèque ; 3) par l'accomplissement des formalités et conditions prescrites aux tiers détenteurs pour purger les biens par eux acquis ; 4) par la prescription.

La prescription est acquise au débiteur, quant aux biens qui sont dans ses mains, par le temps fixé pour la prescription des actions qui donnent l'hypothèque ou le privilège. Quant aux biens qui sont dans la main d'un tiers détenteur, elle lui est acquise par le temps réglé pour la prescription de la propriété à son profit: dans le cas où la prescription suppose un titre, elle ne commence à courir que du jour où il a été transcrit sur les registres du conservateur. Les inscriptions prises par le créancier n'interrompent pas le cours de la prescription établie par la loi en faveur du débiteur ou du tiers détenteur.

Comment Purger Les Propriétés Des Privilèges Et Des Hypothèques?

Avant d'entrer dans la logique évolutionniste des vocables exprimés dans cette interrogation, essayons de les clarifier. En effet, purger les hypothèques, selon la théorie juridique, signifie la procédure légale à suivre pour lever ces hypothèques sur les biens mobiliers ou immobiliers transcrits par le conservateur des hypothèques. L'article 1948 relatif à ce sujet transcrit le mode de purges des privilèges et des hypothèques. Le contenu est bref et clair: "Les contrats translatifs de la propriété d'immeubles ou droits réels immobiliers, que les tiers détenteurs voudront purger de privilèges et hypothèques , seront transcrits en entier par le conservateur des hypothèques, dans le ressort duquel les biens sont situés. Cette transcription se fera sur un registre à ce destiné, et le conservateur sera tenu d'en donner reconnaissance au requérant."

Le législateur n'a pas voulu condenser sa pensée seulement dans un seul article. Il l'a plutôt exprimée dans onze articles connexes et appropriés. Il faut donc lire, analyser,inférer, interpréter et même décoder.

L'article 1949 fait un point sur la transcription qui est seulement un maillon de la chaine pour purger les hypothèques. "La simple transcription de titres translatifs de propriété sur le registre du conservateur, ne purge pas les hypothèques et privilèges établis sur l'immeuble. Le vendeur ne transmet à l'acquéreur que la propriété et les droits qu'il avait lui-même sur la chose vendue: il les transmet sous l'affectation des mêmes privilèges et hypothèques dont il était chargé."

L'article 1950 souligne l'effet des poursuites contre les tiers détenteurs des titres de propriétés. En effet, le tiers détenteur sera responsable entant que détenteur, à toutes les dettes hypothécaires, et aussi de payer tous les intérêts et capitaux exigibles. Il faut mentionner que les fruits de l'immeuble hypothéqué ne sont dus par le tiers détenteur qu'à compter du jour de la sommation de payer ou de délaisser Art.1943. C'est plus qu'un avertissement, c'est un ordre de protection qui est formulé dans l'article 1950 : "Si le nouveau propriétaire veut se garantir de l'effet des poursuites autorisées ci-dessus, il est tenu, soit avant les poursuites, soit dans le mois au plus tard, à compter de la première sommation qui lui est faite, de notifier aux créanciers, aux domiciles par eux élus dans leurs inscriptions: 1) Extrait de son titre contenant seulement la date et la qualité de l'acte, le nom et la désignation précise du vendeur ou du donateur, la nature et la situation de la chose vendue ou donnée; et, s'il s'agit d'un corps de biens, la dénomination générale seulement du domaine et des ressorts de bureaux dans lesquels il est situé, le prix et les charges faisant partie du prix de la vente, ou l'évaluation de la chose si elle a été donnée; 2) Extrait de la transcription de l'acte de vente; 3) Un tableau sur trois colonnes, dont la première contiendra la date des hypothèques et celle des inscriptions; la seconde, le nom des créanciers; la troisième, le montant des créances inscrites." Les articles 1951 et 1952 mettent en évidence les déclarations du nouveau propriétaire. 1) Art. 1951- "L'acquéreur ou le donataire déclarera par le même acte, qu'il est prêt à acquitter, sur le champ, les dettes et charges hypothécaires, jusqu'à concurrence seulement du prix, sans distinction des dettes exigibles ou non exigibles." 2) Art. 1952- "Lorsque le nouveau propriétaire a fait cette notification dans le délai fixé, tout créancier dont le titre est inscrit, peut requérir la mise de l'immeuble aux enchères et adjudications publiques, à la charge:

a) Que cette réquisition sera signifiée au nouveau propriétaire dans quarante jours, au plus tard, de la notification faite à la requête de ce dernier, en y ajoutant un jour par cinq lieues de distance entre le domicile réel de chaque créancier requérant.
b) Qu'elle contiendra soumission du requérant, de porter ou faire porter le prix à un dixième en sus de celui qui aura été stipulé dans le contrat, ou déclaré par le nouveau propriétaire.
c) Que la même signification sera faite dans le même délai au précédent propriétaire, débiteur principal ;
d) Que l'original et les copies de ces exploits seront signés par le créancier requérant, ou par son fondé de procuration expresse, lequel en ce cas, est tenu de donner copie de sa procuration ;
e) Qu'il offrira de donner caution jusqu'à concurrence du prix et des charges. Le tout à peine de nullité.

Deux articles subséquents prévoient le scénario de l'oubli de la vente aux enchères et de la revente surenchères. Dans les deux cas, la mise aux enchères et la revente sur enchères doivent être faites dans la forme et délai prévu par la loi.

1) Art. 1953- A défaut, par les créanciers, d'avoir requis la mise aux enchères, dans le délai et les formes prescrites, la valeur de l'immeuble demeure définitivement fixée aux prix stipulé dans le contrat, ou déclaré par le nouveau propriétaire, lequel est, en conséquence, libéré de tout privilège et hypothèque, en payant le dit prix aux créanciers qui seront en ordre de recevoir, ou en le consignant.
2) Art. 1954- En cas de revente sur enchères, elle aura lieu suivant les formes établies pour les expropriations forcées, à la diligence soit du créancier qui l'aura requise, soit du nouveau propriétaire. Le poursuivant énoncera dans les affiches le prix stipulé dans le contrat, ou déclaré, et la somme en sus à laquelle le créancier s'est obligé de la porter ou faire porter. L'article 1955 introduit l'adjudication qui est une forme spéciale de vente qui se fait soit au rabais, soit au dessus de l'adjudication. "L'adjudicataire est tenu, au-delà du prix de son adjudication, de restituer à l'acquéreur ou au donataire déposé, les frais et loyaux coûts de son contrat, ceux de la transcription sur les registres du conservateur, ceux de notification, et ceux faits par lui pour parvenir à la revente."

Celui à qui échoit ce privilège, n'est pas tenu, selon l'article suivant, de faire inscrire le jugement d'adjudication.

Le désistement invoqué dans l'article 1957 est un renoncement total fait par le créancier requérant. Ce renoncement d'après cet article ne peut empêcher la mise de la vente aux enchères, à moins que tous les autres créanciers soient d'accord. "Le désistement du créancier requérant la mise aux enchères, ne peut, même quand le créancier paierait le montant de la soumission, empêcher l'adjudication publique, si ce n'est du consentement exprès de tous les autres créanciers hypothécaires."

Les droits de l'acquéreur dans l'article suivant sont entachés de règles judiciaires pertinentes. "L'acquéreur qui se sera rendu adjudicataire aura son recours tel que de droit contre le vendeur, pour le remboursement de ce qui excède le prix stipulé par son titre, et, pour l'intérêt de cet excédent, à compter du jour de chaque paiement."

Enfin, pour terminer ce volet sur les moyens de purger les privilèges et hypothèques, examinons le dernier article qui touche à l'acquéreur du nouveau titre. A cet effet, l'article 1959 fait une décantation entre les biens hypothéqués, ceux non hypothéqués et les meubles.

"Dans le cas où le titre du nouveau propriétaire comprendrait des immeubles, et des meubles, ou plusieurs immeubles, les uns hypothéqués, les autres non hypothéqués, situés dans le même ou dans divers ressorts de bureaux, aliénés pour un seul et même prix ou pour des prix distincts et séparés, soumis ou non à la même exploitation, le prix de chaque immeuble frappé d'inscriptions particulières et séparées, sera déclaré dans la notification du nouveau propriétaire, par ventilation, s'il y a lieu, du prix total exprimé dans le titre. Le créancier surenchérisseur ne pourra, en aucun cas, être contraint d'étendre sa soumission, ni sur le mobilier, ni sur d'autres immeubles que ceux qui sont hypothéqués à sa créance, et situés dans le même ressort ; sauf le recours du nouveau propriétaire contre ses auteurs, pour l'indemnité du dommage qu'il éprouverait soit de la division des objets de son acquisition, soit de celle des exploitations."

Comment Purger Des Hypothèques Non Inscrites Sur Les Biens Des Maris Et Des Tuteurs

Les acquéreurs, les nouveaux propriétaires des immeubles ou meubles peuvent introduire une action en justice pour libérer, ou purger les hypothèques existantes. Mais le Code Civil veut qu'ils suivent la procédure légale pour la faire. Trois articles du Code Civil font le point :

1) L'article 1960 introduit les prémices: acquéreurs, maris, tuteurs "Pourront les acquéreurs d'immeubles appartenant à des maris où à des tuteurs lorsqu'il n'existera pas d'inscription sur lesdits immeubles à raison de la gestion du tuteur, ou des dots, reprises et conventions matrimoniales de la femme, purger les hypothèques qui existeraient sur les biens par eux acquis."
2) L'article suivant, produit une forme méthodique de la procédure. "A cet effet, ils déposeront : a) copie dûment collationnée du contrat translatif de propriété au greffe du tribunal civil du lieu de la situation des biens, et ils certifieront, par acte signifié, tant à la femme ou au subrogé-tuteur, qu'au commissaire du gouvernement près le tribunal, le dépôt qu'ils auront fait .b) Extrait de ce contrat, contenant sa date, les noms et prénoms, professions et domiciles des contractants, c)la désignation de la nature et de la situation des biens,d) le prix et les autres charges de la vente, sera et restera affiché pendant deux mois dans l'auditoire du tribunal; durant lequel temps, les femmes, les maris, tuteurs, subrogés-tuteurs, mineurs, interdits, parents ou amis, et le commissaire du gouvernement seront reçus à requérir, s'il y a lieu, et à faire au bureau du conservateur des hypothèques, des inscriptions sur l'immeuble aliéné, qui auront le même effet que si elles avaient été prises le jour du contrat de mariage, où le jour de l'entrée en gestion du tuteur; sans préjudice des poursuites qui pourraient avoir lieu contre les maris et les tuteurs, pour hypothèques par eux consenties, aux profit de tierces personnes, sans leur avoir déclaré que les immeubles étaient déjà grevés d'hypothèques, en raison du mariage et de la tutelle.

L'article 1962 pose trois conditions pour que l'acquéreur puisse entrer en possession des biens libérés des charges dont ils étaient grevés.

1) "Si dans le cours des deux mois de l'exposition du contrat, il n'a pas été fait d'inscription du chef des femmes, mineurs ou interdits, sur les immeubles vendus, ils passent à l'acquéreur sans aucune charge, à raison des dots, reprises et conventions matrimoniales de la femme, ou de

la gestion du tuteur, et sauf le recours, s'il y a lieu, contre le mari ou le tuteur.

2) S'il a été pris des inscriptions du chef desdites femmes, mineurs ou interdits, et s'il n'existe des créanciers antérieurs qui absorbent le prix ou de la portion du prix par lui payé aux créanciers placés en ordre utile; et les inscriptions du chef des femmes, mineurs ou interdits, seront rayées, ou en totalité ou jusqu'à due concurrence.
3) Si les inscriptions du chef des femmes, mineurs ou interdits, sont les plus anciennes, l'acquéreur ne pourra faire aucun paiement du prix, au préjudice des dites inscriptions, qui auront toujours, la date du contrat de mariage, ou de l'entrée en gestion du tuteur: et, dans ce cas, les inscriptions des autres créanciers qui ne viennent pas en ordre utile, seront rayées."

Responsabilité Des Conservateurs Et Importance De La Publicité Des Registres

Les conservateurs sont des fonctionnaires publics qui s'occupent de l'enregistrement des hypothèques des biens mobiliers ou immobiliers, et aussi de l'enregistrement des titres translatifs de biens immobiliers. L'attribution de leurs fonctions est régie par les articles 2196 et 2197 du Code Civil. Leurs responsabilités sont aussi sanctionnées par les principes du droit commun qui les rendent coupables pour toutes fautes ou négligences commises dans l'exercice de leurs fonctions. L'enregistrement se fait dans des registres légaux. Ils deviennent donc des documents importants qui peuvent être utilisés comme preuves par les nouveaux acquéreurs des titres de biens mobiliers ou immobiliers. Les conservateurs sont aussi tenus de donner copies conformes de leurs transcriptions. Les deux articles suivants mettent en cause la responsabilité des conservateurs des hypothèques.

1) Art. 1963- "Les conservateurs des hypothèques sont tenus de délivrer à tous ceux qui le requièrent, copie des actes transcrits sur leurs registres et celle des inscriptions subsistantes, ou certificat qu'il n'en existe aucune."
2) Art. 1964- "Ils sont responsables du préjudice résultant :

a) De l'omission sur leurs registres, des transactions d'actes de mutation, et des inscriptions requises en leurs bureaux.
b) Du défaut de mention dans leurs certificats, d'une ou de plusieurs des inscriptions existantes, à moins, dans ce dernier cas, que l'erreur ne provînt de désignations insuffisantes qui ne pourraient leur être imputées."

Une clause probable d'erreur qui se répète souvent est celle de l'omission d'une ou de plusieurs charges dans le certificat délivré par le conservateur des hypothèques. L'immeuble à l'égard duquel cette omission a été commise, sera affranchi dans les mains du nouveau acquéreur. Cette possibilité est soulevée dans l'article 1965. "L'immeuble à l'égard duquel le conservateur aurait omis, dans ses certificats, une ou plusieurs des charges inscrites, en demeure, sauf la responsabilité du conservateur, affranchi dans les mains du nouveau possesseur, pourvu qu'il ait requis le certificat depuis la transcription de son titre; sans préjudice néanmoins du droit des créanciers de se faire colloque suivant l'ordre qui leur appartient, tant que le prix n'a pas été payé par l'acquéreur; ou tant que l'ordre fait entre les créanciers n'a pas été homologué."

Cinq autres articles statuent sur la responsabilité des conservateurs d'hypothèques. Chacun de ces articles étudiera un aspect particulier de ces types de responsabilité.

1) Art. 1966- Dans aucun cas, les conservateurs ne peuvent refuser ni retarder la transcription des actes de mutation, l'inscription des droits hypothécaires, ni la délivrance des certificats requis sous peine de dommages et intérêts des parties; à l'effet de quoi, procès-verbaux des refus ou retardements seront, à la diligence des requérants, dressés sur le-champ, soit par un juge de paix, soit par un huissier audiencier du tribunal, soit par tout autre huissier ou notaire assisté de deux témoins.
2) Art. 1967- Néanmoins, les conservateurs seront tenus d'avoir un registre sur lequel ils inscriront, jour par jour et par ordre numérique, les remises qui leur seront faites d'actes de mutation pour être transcrits, ou de bordereaux pour être inscrits, ils donneront au requérant une reconnaissance, qui rappellera le numéro du registre sur lequel la remise aura été inscrite, et ils ne pourront

transcrire les actes de mutation ni inscrire les bordereaux sur les registres à ce destinés, qu'à la date, et dans l'ordre des remises qui leur en auront été faites.

3) Art. 1968- Tous les registres des conservateurs sont cotés et paraphés à chaque feuillet, par première et dernière page, par le doyen du tribunal dans le ressort duquel le bureau est établi. Les registres seront arrêtés chaque jour comme ceux d'enregistrement des actes.
4) Art. 1969- Les conservateurs sont tenus de se conformer, dans l'exercice de leurs fonctions, à peine d'une amende de cent à cinq cents gourdes pour la première contravention, et de destitution pour la seconde; sans préjudice des dommages et intérêts des parties, lesquels seront payés avant l'amende.
5) Les mentions de dépôts, les inscriptions et transcriptions sont faites sur les registres, de suite, sans aucun blanc ni interligne à peine, contre le conservateur, de mille à cinq cents gourdes d'amende, et des dommages et intérêts des parties, payables aussi par préférence à l'amende.

Chapitre VII

Clause Résolutoire Sur L'Expropriation Forcée Et Le Classement Des Créanciers

L'expropriation survient sur la demande d'un ou des créanciers qui introduit une action en justice pour une demande de vente par adjudication. En cas de jugement définitif, les créanciers doivent suivre l'ordre de distribution fixée par les articles 1860, 1861,1862, 1881, 1933 et 1965 du Code Civil. L'éclosion d'une série d'articles avec des clauses résolutoires émergera pour compléter ces idées. Le premier article 1971 se réfère à l'expropriation des biens immobiliers. "Le créancier peut poursuivre l'expropriation: 1)des biens immobiliers et de leurs accessoires réputés immeubles, appartenant en propriété à son débiteur; 2) de l'usufruit appartenant au débiteur sur les biens de même nature." Ce droit d'expropriation n'est pas applicable dans toutes les circonstances. Une de ces circonstances est celle prévue par l'article 1972 avec l'introduction d'un cohéritier. "Néanmoins la part indivise d'un cohéritier dans les immeubles d'une succession ne peut être mise en vente par ses créanciers personnels, avant le partage ou la licitation qu'ils peuvent provoquer s'ils le jugent convenable, ou dans lesquels ils ont le droit d'intervenir conformément à l'article 712 de la loi No. 1b, sur les successions." De même l'article 1973 présente le cas d'un mineur ou d'un interdit. "Les immeubles d'un mineur, même anticipé, ou d'un interdit ne peuvent être mis en vente avant la discussion du mobilier."

Alors que l'article 1973 ne soit pas favorable à la vente d'un bien hypothéqué qui appartient à un mineur avant toute discussion du mobilier, l'article suivant lève cette interdiction dans le cas d'immeubles possédés par indivis. "La discussion du mobilier n'est pas requise avant l'expropriation des immeubles possédés par indivis entre un majeur, un mineur ou un interdit, si la dette leur est commune, ni dans le cas où les poursuites ont été commencées contre un majeur, ou avant l'interdiction."

Les articles 1975 et 1976 se réfèrent aux biens qui tombent sous le régime de la communauté. 1) Art. 1975- L'expropriation des immeubles qui font partie de la communauté, se poursuit contre le mari débiteur, seul, quoique la femme soit obligée à la dette. 2) Art. 1976- Celle des immeubles de la femme qui ne sont point entrés en communauté, se poursuit contre le mari et la femme, laquelle, au refus du mari de procéder avec elle, ou si le mari est mineur, peut être autorisée en justice. En cas de minorité du mari et de la femme, ou de minorité de la femme seule, si son mari majeur refuse de procéder avec elle, il est nommé par le tribunal un tuteur à la femme, contre lequel la poursuite est exercée.

Le droit d'un créancier ne s'éteint pas si le produit du bien hypothéqué est inférieur à la somme pour laquelle la sûreté était consentie. L'article 1977 ne saurait être plus judicieux dans sa formulation. "Le créancier ne peut poursuivre la vente des immeubles qui ne lui sont pas hypothéqués, que dans le cas d'insuffisance des biens qui lui sont hypothéqués."

Un point essentiel sur la location des biens hypothéqués est discuté dans l'article 1978. Toute vente forcée doit être faite dans le tribunal du ressort duquel les biens se trouvent. " La vente forcée des biens situés dans différents ressorts ne peut être provoquée que successivement, à moins qu'ils ne fassent partie d'une seule et même exploitation. Elle est suivie devant le tribunal dans le ressort duquel se trouve la partie de biens qui présente le plus grand revenu." L'article 1979 pose le problème de la contiguïté et de la vente forcée des biens hypothéqués. "Si les biens hypothéqués au créancier, et les biens non hypothéqués, font partie d'une seule et même exploitation, la vente des uns et des autres est poursuivie ensemble, si le débiteur le requiert; et ventilation se fait du prix de l'adjudication."

La poursuite des biens hypothéqués peut être suspendue en cas de vente forcée en vertu d'un titre authentique ou de titre exécutoire.

1) L'article 1980 est un exemple de justification de ces titres. "Si le débiteur justifie, par baux authentiques, que le revenu net et libre de ses immeubles pendant une année, suffit pour le paiement de la dette en capital, intérêts et frais, et s'il offre la délégation au créancier, la poursuite peut en être suspendue par les juges, sauf à être reprise s'il survient quelque opposition ou obstacle au paiement."
2) Un autre exemple de non poursuite pour cause de titre exécutoire est pourvu par l'article 1981. "La vente forcée des immeubles ne peut être poursuivie qu'en vertu d'un titre authentique et exécutoire, pour une dette certaine et liquide. Si la dette est en espèces non liquidées, la poursuite est valable; mais l'adjudication ne pourra être faite qu'après la liquidation.
3) En dernier lieu, l'article 1982 souligne le cas du cessionnaire muni d'un titre exécutoire. " Le cessionnaire d'un titre exécutoire ne peut poursuivre l'expropriation qu'après que la signification du transport a été faite au débiteur."

La poursuite engagée pour l'expropriation d'immeubles est l'action primordiale qui doit être prise avant tout acte d'adjudication. Elle doit être faite à la suite d'un jugement définitif. Les articles 1983,1984, 1985 fournissent amplement de détails.

1) Art.1983-La poursuite peut avoir lieu en vertu d'un jugement provisoire ou définitif, exécutoire par provision; mais l'adjudication ne peut se faire qu'après un jugement définitif en dernier ressort, ou passé en force de chose jugée. La poursuite ne peut s'exercer en vertu de jugements rendus par défaut durant le délai de l'opposition.
2) Art.1984- La poursuite ne peut être annulée sous prétexte que le créancier l'aurait commencée pour une somme plus forte que celle qui lui est due.
3) Art. 1985- Toute poursuite en expropriation d'immeubles doit être précédée d'un commandement de payer, fait, à la diligence et requête du créancier, à la personne du débiteur, ou à son domicile, par le ministère d'un huissier. Les formes du commandement et celles de la poursuite sur

l'expropriation, sont réglées par les lois sur la procédure. (Code De Procédure Civile 585-785)

Formules Légales Pour Le Droit De Prescription Et De Possession

Cette formule a été conçue à partir de la loi No. 35 sur la prescription. Il faut dire que ces idées ont été glanées et codifiées par nos plus éminents législateurs dans à peu près soixante articles du Code Civil.

L'article 1987 du Code Civil définit le terme prescription en ces termes. "La prescription est un moyen d'acquérir ou de se libérer par un certain laps de temps, et sous les conditions déterminées par la loi."

Maintenant, il est nécessaire d'introduire les causes qui empêchent la prescription. Nous sommes heureux d'invoquer cet article qui établit un point essentiel pour les compatriotes de l'extérieur qui ont délaissé leurs biens au bénéfice d'un gérant malhonnête et envieux. L'article 2004 est clair et non équivoque. "Ceux qui possèdent pour autrui, ne prescrivent jamais, par quelque laps de temps que ce soit. Ainsi, le fermier, le dépositaire, l'usufruitier, et tous autres qui détiennent précairement la chose du propriétaire, ne peuvent la prescrire." L'article 2005 aussi fait défense aux héritiers de ces derniers titulaires de prescrire. "Les héritiers de ceux qui tenaient la chose à quelqu'un des titres désignés par l'article précédent, ne peuvent non plus prescrire."

Cependant, le fermier, l'usufruitier peuvent avoir recours au droit de prescription dans deux cas prévus par les articles 2006 et 2007 du Code Civil.

1) Art. 2006- Néanmoins les personnes énoncées dans les articles 2004 et 2005, peuvent prescrire, si le titre de leur possession se trouve interverti, soit par une cause venant d'un tiers, soit par la contradiction qu'elles ont opposée au droit du propriétaire.
2) Art 2007- Ceux à qui les fermiers, dépositaires, et autres détenteurs précaires ont transmis la chose par un titre translatif de propriété, peuvent la prescrire.

Les articles 2004 à 2007 soulignent les causes évidentes et logiques qui empêchent la prescription mais il y a d'autres causes que nous pouvons décrire comme causes conjoncturelles. Ils sont au nombre de huit. Nous tenterons de les introduire pour le bénéfice du lecteur. En premier lieu, une clarification est impérative. La prescription peut être interrompue ou naturellement ou civilement, selon l'article 2010. L'article 2011 nous dit dans quel cas elle est naturelle. "Il y a interruption naturelle, lorsque le possesseur est privé, pendant plus d'un an de la jouissance de la chose, soit par l'ancien propriétaire, soit même par un tiers." Pour empêcher une prescription, un avocat plaidant la cause du propriétaire d'un bien immobilier signifiera le détenteur des biens par une citation en justice qui aura pour effet de stopper cette prescription. Nous avons trois articles qui décrivent ces procédures.

1) Art.2012- Une citation en justice, un commandement ou une saisie, signifiés à celui qu'on veut empêcher de prescrire, forment l'interruption civile.
2) Art. 2013- La citation en conciliation devant le bureau de paix, interrompt la prescription, du jour de sa date, lorsqu'elle est suivie d'une assignation en justice donnée dans les délais de droit.
3) Art. 2014- La citation en justice, donnée même devant un juge incompétent, interrompt la prescription.

Deux autres cas d'interruption d'une prescription plaident pour la reconnaissance qu'un débiteur, possesseur ou vendeur fait du droit du copropriétaire ou de son adversaire. Nous avons deux articles qui analysent ces variables individuelles.

1) Art.2016- La prescription est interrompue par la reconnaissance que le débiteur ou le possesseur fait du droit de celui contre lequel il prescrivait.
2) Art. 2017- L'interpellation faite, conformément aux articles ci-dessus, à l'un des débiteurs solidaires, ou sa reconnaissance, interrompt la prescription contre tous les autres, même contre leurs héritiers. L'interpellation faite à l'un des héritiers d'un débiteur solidaire ou la reconnaissance de cet héritier, n'interrompt pas la prescription à l'égard des autres cohéritiers, quand même la créance serait hypothécaire, si l'obligation n'est

indivisible. Cette interpellation ou cette reconnaissance n'interrompt la prescription, à l'égard des autres codébiteurs, que pour la part dont cet héritier est tenu.

Pour interrompre la prescription pour le tout, à l'égard des autres codébiteurs, il faut l'interpellation faite à tous les héritiers du débiteur décédé, ou la reconnaissance de tous ces héritiers.

De La Possession Effective

Dans l'ordre chronologique du classement des vocables mentionnés au début du chapitre, la possession précède la prescription. Cependant, pour l'objectivité et la clarté des dispositions établies, il est nécessaire de faire une digression. La possession est un droit que quelqu'un s'attribue, ou légué par quelqu'un d'autre pour la jouissance d'un bien mobilier ou immobilier. Le Code Civil dans son article 1996 nous donne sa version. "La possession est la détention ou la jouissance d'une chose ou d'un droit que nous tenons ou que nous exerçons par nous même, ou par un autre qui la tient ou qui l'exerce en notre nom."

Dans cet ordre des choses, la possession est un acte qui s'établit avant le droit de prescription. Personne ne peut prescrire si elle n'a pas été en possession d'un bien mobilier ou immobilier. L'article 1997 renforce cette idée : « Pour pourvoir prescrire, il faut une possession continue et non interrompue, paisible publique, non équivoque, et à titre de propriétaire. »

Deux autres articles intéressants sur une présomption de possession éclairent notre lanterne; les articles 1998 et 1999.

1) Art. 1998- On est toujours présumé posséder pour soi, et à titre de propriétaire, s'il n'est prouvé qu'on a commencé à posséder pour un autre.
2) Art. 1999- Quand on a commencé à posséder pour autrui, on est toujours présumé posséder au même titre, s'il n'y a preuve du contraire.

Causes Affectant Le Cours De La Prescription

Nous avons défini la prescription comme un moyen, un procédé utilisé pour l'obtention d'un bien mobilier ou immobilier. Nous avons aussi expliqué qu'avant de passer à cette phase, il fallait d'abord avoir la possession prolongée du bien pour pouvoir prescrire. Mais il y a des causes inhérentes à la stratification sociale qui peuvent affecter cette prescription durant son cours. C'est donc par une série de pensées déductives, positives ou négatives que le législateur établit les faits. L'article 2019 pose les prémices et les conditions. "La prescription court contre toutes personnes, à moins qu'elles ne soient dans quelque exception établie par une loi." La première exception est fournie par les articles 2020 et 2021. La prescription ne court pas contre les mineurs; interdits et entre les époux. Cependant, elle peut être utilisée contre la femme mariée. L'article 2022 est un exemple descriptif de ce scénario: "La prescription court contre la femme mariée, encore qu'elle ne soit point séparée par contrat de mariage ou en justice, à l'égard des biens dont le mari a l'administration, sauf son recours contre le mari." Trois autres exceptions se trouvent dans les articles 2023-2026.

1) Art.2023- Néanmoins elle ne court point pendant le mariage, à l'égard de l'aliénation d'un fonds constitué selon le régime dotal, conformément à l'article 1346, en la loi No. 30, sur le contrat de mariage et les droits respectifs des époux.
2) Art. 2024- La prescription est pareillement suspendue pendant le mariage. a) Dans le cas où l'action de la femme ne pourrait être exercée qu'après une option à faire sur l'acceptation ou la renonciation à la communauté. b) Dans le cas où le mari, ayant vendu le bien propre de la femme sans son consentement, est garant de la vente, et dans tous les autres cas où l'action de la femme réfléchirait contre le mari.
3) Art.2025- La prescription ne court point, a) A l'égard d'une créance qui dépend d'une condition, jusqu'à ce que la condition arrive ; b) A l'égard d'une action en garantie,

jusqu'à ce que l'éviction ait lieu ; c)A l'égard d'une créance à jour fixe, jusqu'à ce que ce jour soit arrivé.

4) Art.2026-La prescription ne court pas contre l'héritier bénéficiaire à l'égard des créances qu'il a contre la succession. Elle court contre une succession vacante, quoique non pourvue de curateur.

Ce chapitre termine notre voyage dédaléen à travers les différentes sections juridiques. Il statuera sur la quantité d'heures, le nombre de temps maximum permis par la loi pour pourvoir prescrire. Pour prescrire, on doit suivre les principes dictés par le Code Civil. Le tribunal de même tiendra compte de la forme ou du fonds dans une citation en justice. L'action en justice sera donc admise ou rejetée pour vice de forme ou de fonds. L'idée primordiale du Code Civil est que la prescription ne se compte pas par heures mais par jours. La prescription est complète lors qu'elle accomplit le cycle d'une journée entière.

En effet, il y a des actions qui sont prescrites pour une période de trente ans, une période de vingt ans, une période de dix à quinze ans. L'article 2030 déclare prescrites par vingt ans toutes les actions tant réelles que personnelles. Cet article peut prêter à confusion si on n'étudie pas les divers scénarios y découlant. Il sera opposé une fin de non recevoir quand il s'agit d'une action en revendication interjetée par un propriétaire dépossédé. En effet, nous verrons que d'après l'article 2262 du Code Civil, la propriété est un droit sacré qui ne se perd par le non usage. Voici ce que dit l'article 2030: "Celui qui acquiert de bonne foi et par juste titre un immeuble, en prescrit la propriété par dix ans, si le véritable propriétaire habite dans le territoire de la République; et par quinze ans, si le vrai propriétaire est domicilié hors du dit territoire, et hors du territoire de la République."

Il y a dans cet article deux vocables importants : juste titre, et bonne foi. Ces deux termes sont suffisants pour celui qui invoque cette prescription. Les articles 2034 et 2035 élaborent sur ces vocables.

1) Art.2034- Le titre nul par défaut de forme, ne peut servir de base à la prescription de dix et quinze-ans.

2) Art.2035-La bonne foi est toujours présumée, et c'est à celui qui allègue la mauvaise foi à la prouver. Il suffit que la bonne foi ait existé au moment de l'acquisition.

Activation De La Prescription Découlant Des Actions Spéciales

Il y a enfin une série d'actions spéciales qui sont intentées par une pléiade de gens de toutes catégories en réclamation de leurs salaires durant le cours d'une année. Ces actions se prescrivent par six mois ou un an ou cinq ans. Nous évoquerons ces articles et nous ferons quelques commentaires autant que faire se peut.

1) Art.2036- L'action des maîtres et des instituteurs des sciences arts pour les leçons qu'ils donnent au mois; Celle des hôteliers et traiteurs, à raison du logement et de la fourniture qu'ils fournissent; Celles des ouvriers et des gens de travail, pour le paiement de leurs journées, fourniture et salaires, se prescrivent par six mois.

2) L'action des médecins, chirurgiens et apothicaires, pour leurs visites, opérations et médicaments ; celle des huissiers, pour le salaire des actes qu'ils signifient, et des commissions qu'ils exécutent ; celle des marchands, pour les marchandises qu'ils vendent aux particuliers non marchands ; celles des maîtres de pension, pour le prix de la pension de leurs élèves; et des autres maîtres, pour le prix de l'apprentissage; se prescrivent par un an.

3) Art.2038-L'action des défenseurs publics, pour le paiement de leurs frais et salaires, se prescrit par deux ans, à compter du jugement des procès, ou de la conciliation des parties, ou depuis la révocation des dits défenseurs. A l'égard des affaires non terminées, ils ne peuvent former de demandes pour leurs frais et salaires qui remonteraient à plus de cinq ans.

Les articles 2041 et 2042 nous donnent deux cas particuliers de prescriptions qui se prescrivent par deux ans ou cinq ans.

1) Art.2041- Les juges et défenseurs publics sont déchargés des pièces cinq ans après le jugement des procès. Les huissiers, après deux ans, depuis l'exécution de la

commission, ou la signification des actes dont ils étaient chargés en sont pareillement déchargés.

2) Art.2042- Les arrérages des rentes perpétuelles et viagères; ceux des pensions alimentaires; Les loyers des maisons et le prix de ferme des biens ruraux; Les intérêts des sommes prêtées, et généralement tout ce qui est payable par année, ou à des termes périodiques plus courts, se prescrivent par cinq ans.

Un changement drastique est opéré au niveau des biens mobiliers. Le législateur a formulé un article concernant ces biens qui fait une grande différence entre biens mobiliers et biens immobiliers. L'article 2044 édicte : « En fait de meubles, la possession vaut titre. Néanmoins, celui qui a perdu ou auquel il a été volé une chose peut la revendiquer pendant trois ans, à compter du jour de la perte ou du vol, contre celui entre les mains duquel il la trouve; sauf à celui-ci son recours contre celui duquel il la tient. »

L'article 2045 nous donne plus de renseignements sur les choses volées: « Si le possesseur actuel de la chose volée ou perdue l'a achetée dans un marché, ou dans une vente publique, ou d'un marchand vendant des choses pareilles, le propriétaire originaire ne peut se la faire rendre qu'en remboursant au possesseur le prix qu'elle lui a couté. »

Le mot de la fin sera le verdict de la Cour de Cassation sur le partage du 29 mai 1915. "Le partage, étant déclaratif et non attributif de propriété, ne constitue pas un juste titre permettant d'invoquer la prescription de dix et de quinze ans. Aussi, nous devons mentionner celui du 27 septembre 1900 sur la prescription: "La prescription ne s'applique qu'aux actions et non aux exceptions soulevées pour les repousser; ces exceptions sont en quelque sorte imprescriptibles.

En définitive, la Constitution de 1918 a été une création nouvelle détachée de ses affinités européennes mais enveloppée d'une conception nouvelle, inspirée de la mentalité yankee. Elle n'est pas une refonte et reproduction totale de l'état d'esprit américain. Il faut la voir plutôt comme une assimilation de deux états d'esprits contradictoires, européens et américains, dans leur formulation, mais étymologiquement descendant de la même

racine latine. C'est peut être dans ce sens que l'ancien sous secrétaire de la marine des Etats-Unis, Franklin Delano Roosevelt qui, bientôt deviendra le Président écrira en 1920 : "Vous devez savoir que j'ai participé dans l'administration de deux petites républiques. En réalité, j'ai écrit moi-même personnellement la Constitution d'Haïti et si vous le permettez, je vous dirai que c'est une très bonne Constitution." (Cuevas Concino, F.:1954,p.52)[15]
Notre intention n'est pas de faire un procès insolite et lugubre au sous secrétaire de la marine pour une telle déclaration. Nous voulons plutôt nous concentrer sur les évènements malheureux qui ont secoué notre pays avant l'arrivée des américains. Ces événements nous ont causé la perte de notre nation pour une durée de dix neuf ans et ces évènements ont accouché une Constitution importée, made in the U.S.A.

Epilogue

Après avoir étudié les diverses facettes de notre Code Civil de 1918, le lecteur comprendra certainement que ce Code était précédé par la Constitution de 1889. La Constitution de 1918, elle même fut modifiée par celle de 1928. C'est ce dérivatif ou bien cet enfantement avec la main étrangère qui a produit la Constitution Américano Haïtienne. Cet enfantement hétérogène nous amène à réviser notre conception homogène d'une constitution provenant d'une source latine. Notre curiosité nous a conduits tout droit dans les dédales de la culture Hellénistique. C'est ainsi que nous avons consulté le philosophe professeur Aristote, et le magistrat politicien Solon sur leurs conceptions d'une bonne Constitution. L'époque consultée est l'an 342 Av. C durant laquelle Aristote termina ses études sous les ailes du grand philosophe Platon. Nous avons fait de même pour l'incomparable homme de loi et le célèbre politicien Solon en l'an 640-558, qui a doté Athènes d'une fameuse Constitution démocratique.

Ce retour à l'origine nous permet de voir comment ces grands hommes ont philosophé sur ce vocable antique, qu'ils ont rendu scientifique dans leurs travaux de recherche. Deux systèmes en présence : le système d'Aristote et le système de Solon :

1) Système Aristotélicien : Dans ce système, Aristote invoque la notion de bonne ou de mauvaise constitution. Il faut mentionner qu'à l'époque d'Aristote, la Grèce n'était pas unifiée. Elle était plutôt vue comme un groupe d'états indépendants appliquant leurs propres règles gouvernementales. Dans ce tohu-bohu, Aristote au début de son étude a identifié six différents types de Constitution. Il les a classifiés et nommés bons ou mauvais. Pour remplir la condition libellée bonne ou mauvaise, il fallait trois critères de gouvernants pour une bonne gérance : Un, peu, beaucoup.

Tableau Des Trois Types De Gouvernants

1) Gouvernants Un Peu Beaucoup	Condition :Bonne/Intérêt Commun Royauté Aristocratie Organisation Politique
2) Gouvernants Un Peu Beaucoup	Condition : Mauvaise-Intérêt Personnel Tyran Oligarchie Démocratie

La Royauté était la première forme de gouvernement qui fut classifiée sous la rubrique de Bonne Constitution. En effet, selon Aristote la royauté était dirigée par un seul individu, le Roi qui détenait ce titre par affiliation héréditaire ou par élection. Pour lui, un Roi pouvait diriger le pays à bon escient. Il avait le pouvoir d'agir exceptionnellement rapide en cas de graves dangers. Aristote pensait qu'un Roi devrait être un individu pourvu de faculté émotionnelle qui ne saurait être à cent pour cent infaillible. C'est pourquoi un Roi ne devrait pas posséder un pourvoi absolu. Son pouvoir devrait être contrôlé par des lois. D'où l'idée de codifier ces règlements sous le titre de bonne constitution.

Le Roi qui ne respecte pas les règles en s'octroyant un pouvoir absolu deviendra un tyran qui est un mauvais personnage, sans foi ni loi. Ce dernier ne travaille pas pour l'intérêt général.

La seconde forme de gouvernement est celle dirigée par des Aristocrates. C'était une bonne chose. Un petit groupe de gens de notoriété publique réputé pour leur connaissance intellectuelle et politique était choisi par les législateurs pour diriger l'appareil étatique au nom du peuple en général.

Cependant, quand ces Aristocrates dirigent au profit des riches, ils tombent sous le coup de l'oligarchie possédante. Ils ne répondent pas aux desiderata du peuple. Enfin, Aristote met en garde contre cette forme de gouvernement qu'est la Démocratie. Sa conception de cette forme de gouvernement serait un état d'hommes de bien qui ont pour devoir de travailler au bonheur de la cité. Aristote avait horreur de la démagogie et des démagogues exploiteurs. Car, dans cette forme de gouvernement, le peuple majoritaire peut toujours faire mainmise sur la propriété d'autrui et ruiner le pays. Quand cela arrive, elle s'incorpore dans la catégorie de mauvaise constitution. Ainsi donc la position d'Aristote serait pour une constitution mitigée. La marche à suivre serait d'établir une ligne de démarcation entre le bien et le mal et de tirer le meilleur des deux vocables.

2) Système Solonique : De son côté, Solon conçoit sa constitution à partir de la plate-forme politique dont il faisait partie. Magistrat influent plaidant la cause des riches, il prenait notes des besoins du peuple nécessiteux. Il conçut un système bâti sur les rangs. La raison de ce système est que à l'époque de Solon, les gens pouvaient briguer une fonction relative à leur position de notable dans la communauté où elles vivaient. Pour ce faire, il a conçu quatre classes d'individus, de fermiers qu'il désigne sous le vocable de Pentacosiomedimni: 1ère classe Hippada, Telundes: 2e classe, zeugitae 3e classe, Thetes 4e classe; Ces classes de fermiers étaient conçues sur la quantité de propriétés foncières, possédées. Le barème était de cinq cents unités de mesure pour la première classe, trois cents unités de mesure pour la seconde classe, deux cents unités de mesure pour la troisième classe, plus petit que deux cents unités ne pouvait briguer un poste électif. Un tableau très représentatif de la classe était conçu de cette manière :

1) Le Pentacosiomedimni: pouvait se faire élire comme trésorier, magistrat, Officiers des Finances, ou Sénateurs.
2) L'Hippada Telundes pouvait être Magistrat en chef, ce que nous appellerons le grand juge ou commissaire, Officiers des Finances qui, aujourd'hui, seraient notre secrétaire d'état, et enfin un législateur : député ou sénateur.
3) Le Zeugitae pouvait être un officier des Finances, et Législateur.
4) Les Thetes ne pouvaient briguer aucun poste électif parce qu'ils ne produisaient pas assez pour le standard établi ou le statut militaire.

Un fait important qui mérite notre attention est que les Thetes qui étaient les derniers au bas de l'échelle de classification n'étaient pas rejetés. Au contraire, Ils devaient faire partie de la grande assemblée, ekklesia in greek, de la grande famille d'Attica. L'ekklesia participait à l'élection des magistrats, et à leur éviction en cas de fraude.

Il est admis par les historiens de cette époque que Solon est le créateur du corps législatif, un conseil de 400 sages pour formuler les priorités journalières à discuter en chambres réunies.

Le magistrat ou grand juge était choisi par rapport aux dimensions de ses biens fonciers, aussi par suffrage universel. Chaque tribu élisait dix candidats sur un total de quarante. Ces magistrats après avoir bouclé une année complète au bureau, pouvaient être admis au conseil des Areapagus. Ils étaient considérés comme les gardiens de la loi.

Peter L. Phillips Simpson, dans une traduction de la philosophie d'Aristote, The Politics of Aristotle, rapporte ce qui suit : il y avait un besoin pour une bonne législation et aussi un besoin pour de bons législateurs. 1) The need for legislation. "We become good through nature and habituation and teaching, but nature is not in our control and teaching works only where the hearer's soul has been rightly habituated beforehand. For the many, right habituation requires being brought up in the right way from youth and being coerced to behave the same way throughout life. Such discipline is the work of reason backed up by the force and this is found in the law, because law has the necessary force and its force is less resented than is personal coercion."[16]

Dans ce passage anglais, nous relevons trois points essentiels pour la fabrication d'une bonne législation :

a) L'Habitude De Faire : En effet, l'habitude de faire les choses nous donne l'expérience nécessaire pour l'accomplissement d'un travail bien structuré.
b) La Consistance : La consistance est un état d'esprit permanent, bien calculé une manière d'agir qui habilite un individu à s'acquitter de son devoir.
c) La Raison et la force- Cette forme de pensée s'acquiert par la pratique, et dépend d'une jeunesse riche en exemples.

Cette discipline aussi est trouvée au frontispice de la loi qui, elle-même, constitue la somme totale de forces nécessaires pour garantir une bonne législation.

2) The Need for legislators- "Most cities do not make it one of their responsibilities to take care of education in virtue, so one should do what one can in the household instead. But to do this requires becoming a legislator and skilled in legislation, for one must lay down for the household the sort of laws that should be laid down for the city. It does not matter in other arts either; nor does it matter that a common care for education can be inferior to private care, for the same skill is still required in both case, as it is also in other arts."

Dans ce passage, Aristote nous dit qu'un bon législateur commence au bercail. Bien sûr, il s'appesantit sur l'éducation qui est l'épicentre du travail dans la préparation d'un bon législateur. Le petit législateur apporte à l'assemblée les principes acquis et formulés pour chaque coin de la cité qu'il représente.

Nous pouvons plus ou moins affirmer que presque toutes les constitutions du monde ont emprunté quelques préceptes de la philosophie constitutionnelle du philosophe professeur Aristote ou du magistrat politicien Solon. Les Constitutions de l'Angleterre, de l'Espagne, de l'Italie, de la Belgique de la Russie, de l'Allemagne sont imprégnées de structures et de préceptes Helléniques La Constitution des États-Unis, par exemple, est riche en préceptes philosophiques tirés de la Grèce antique. Elle a débuté par la collaboration de plusieurs États de l'union à Pennsylvanie State House le 25 mai 1787.

Les Hommes de l'heure s'étaient réunis et avaient formé une convention. Cette convention avait mandaté soixante quatorze délégués venus de différents secteurs. De ce nombre, cinquante cinq étaient présents. Les délégués de chaque état donnaient lecture de leur plan. On proposait, on discutait, on ratifiait. Tels étaient les débats au cours desquels fut élu le premier Président des États-Unis : le général George Washington. Monsieur Robert Morris qu'on appelait le "financier de la Révolution"[17] proposait le nom du général Washington pour être le président. Cependant le général, quoique ratifié et élu à la majorité des voix, s'était désisté pour manque de “qualifications”. Après maintes délibérations, les délégués ont finalement ratifié le consensus. Les États Unis jouissaient alors d’une nouvelle constitution mise en application en l’an de grâce : neuf juillet 1788.

Notes

1. Hans Schmidt, The United States, Occupation of Haiti 1915-1934, p. 36. Rutgers University Press N.J. 1971.
2. Moise Claude, Constitution et Luttes de Pouvoir en Haïti, Tome 1 Éditions Cidihca Feb 1988 Québec.
3. Hans Schmidt, The United States Occupation of Haiti 1915-1934 p. 10-11. Rutgers University Press N.J. 1971.
4. Hans Schmidt, The United States, Occupation of Haiti 1915-1934.p.11-13. Rutgers University, N.J. 1971.
5. Marcel B. Auguste, Elie Lescot, Coup d'œil sur une administration 1941-1946.p.99, éditions Marquis Québec 2006.
6. Hans Schmidt, The United States Occupation of Haiti 1915-1934 p.34 p.174.Rutgers University Press NJ 1971.
7. Hans Schmidt, The United States Occupation of Haiti 1915-1934,p.120.Rutgers University Press N.J.1971.
8. Turnier Alain, Merisier Jeannis, p.19 Imprimerie Natal Haïti 1980.
9. Denyse Masséna, La Femme dans le Droit. P.38-39, Imp. Rodriguez Haiti 1975.
10. Hans Schmidt, The United States Occupation of Haiti 1915-1934, p.120.Rutgers University Press N.J. 1971.
11. Constitutions et Luttes de Pouvoir en Haïti, Claude Moise Tome 1. P. 91.
12. Constitutions et Luttes de Pouvoir en Haïti, Claude Moise Tome 2. P.65.
13. La Femme dans le Droit, Denyse Masséna P.A.P. Haïti 1975 p. 31.
14. Achille Théodore E. Les Haïtiens Et La Double Nationalité, Edition du Marais, Montréal, Québec 2007.
15. Peter L. Phillips Simpson, The Politics of Aristotle, Nicomachean Ethics p. 2, University of N.Carolina Press,USA 1997.
16. The Constitution of the United States : A History,The U.S. National Archives and Records Administration. M.D. USA.
17. Maddex Robert L. Constitution of the World, CQ Press. Washington D.C. 2008.

Bibliographie

1- Achille Théodore, Les Haïtiens Et La Double Nationalité, Éditions du Marais Canada 2007.
2- Altman Linda Jacobs, The American Civil Rights Movement, Endow Publishers Inc. USA 2004.
3- Armand Pierre L., L'Armée D'Haïti Et Les Evénements De 1957, Les Éditions Samba Haïti 1988.
4- Amor David J., Forced Justice: School Desegregation and The Law, Oxford University Press, NY 1996.
5- Auguste Marcel B., Elie Lescot: Coup D'œil Sur Une Administration 1941-1946, Édition Marquis Canada 2006.
6- Auguste Claude et Auguste Marcel B., Ouragan Sur La Caraïbe, Les Edition du CIDIHCA, Canada 2009.
7- Barnes Harry Elmer, The Repression of Crime, Patterson Smith Publisher N.J.1969.
8- Baynes David Cowan, Conscience, Obligation and the Law Publisher:LoyolaUniversityPress USA, 1966.
9- Bentham Jeremy, An introduction to the Principles of Morals and Legislation 1748-1832,Dover Publications N.Y. 2007.
10- Bentham Jeremy 1748-1932, The theory of legislation, Harcourt Brace Inc. NY 1931.
11- Bevans Neal R., Criminal Law and Procedure for the Paralegal, Publisher: Thompson-Delmar N.Y. 2003.
12- Bohm Robert, Introduction to Criminal Justice, Publisher Glencoe N.Y. 1999.
13- Branaq Jean Eric, La Constitution Américaine, Les Éditions Ellipses Marketing S.A 1999.
14- Branda Pierre, Lentz Thierry Napoléon, L'esclavage et les Colonies, Éditions Fayard, Paris 2007.
15- Cashin Sheryll, The Failures of Intergration: How Race and Class Are Undermining the American Dream, New York Public Affairs 2004.
16- Césaire Aimé, Pour Aujourd'hui et Pour Demain, Éditions Sépia St. Maur 1995.
17- Chamelin Neil C., Criminal Law for the Police, Prentice Hall N.J. 1971.

18- Charles Etzer, Le Pouvoir Politique en Haïti de 1957 à nos Jours, Éditions Karthala, Paris.
19- Clérismé Renald, Main D'œuvre Haïtienne: Capital Dominicain, L'Harmattan, Paris.
20- Clotfelter's Charles, After Brown: The Rise and Retreat of School Desegregation, Princeton University N.J. 2004.
21- Compston's Christine, Earl Warren: Justice for All, New York Press 2001.
22- Compston's Christine, Larkman's Michael J, The Supreme Court and The Struggle for Racial Equality, Oxford University Press 2006.
23- Constitutional Law and Politics Vol. 2, civil Rights and Civil Liberties 6th ed. Publisher WDW Worton N.Y. 2005.
24- Corbo Claude, Les États Unis D'Amérique, Éditions Septentrion, Canada 2007.
25- Corvington Georges, Port- Au-Prince Au Cours Des Ans 1934-1950 H. Deschamps Haïti 1991.
26- Corvington Georges, Port- Au-Prince Au Cours Des Ans 1888-1915, H. Deschamps Haïti 1994.
27- Davenport, Anni Ken, Basic Criminal Law, Foundation Press N.Y. 2002.
28- Décauna Jacques, Toussaint Louverture Et L'Indépendance D'Haïti, Éditions Karthala, Paris.
29- De La Croix Pamphile Gén. La Révolution de Haïti, Éditions Karthala, Paris 1995.
30- Délince Kern, Quelle Armée Pour Haïti, Éditions Karthala, Paris 1993.
31- Del Vecchio Kenneth, Code of Criminal Justice, Publisher: Prentice Hall N.J. 2008.
32- Désinor Marcelle, L'Haïtienne Face à L'Histoire, Agence De Publicité Hibiscus Tome I.
33- Dierenfield Brace J, The Civil Rights Movement, Pearson Education 2004.
34- Dubber Markus Dirk, Criminal Law, Foundation Press N.Y. 2002.
35- Dubois Laurent, Haiti, The Aftershocks of History, Publisher Metropolitan Books, N.Y. 2012.
36- Duvalier, La Face Cachée de Papa Doc, Mémoire D'encrier, Canada 2007.
37- Eldefonso Edward, Police and the Criminal Law, Good Your Pub. Co. Calif 1972.

38- Estimé Lucienne, Dumarsais Estimé, Dialogue Avec Mes Souvenirs, Éditions Mémoire Haïti 2002.
39- Evans Kimberly Masters, Capital Punishment, Publisher:Gale Mich. 2010.
40- Everett Suzanne, History of Slavery, Publisher: Chartwell Books Inc. N.J. 1997.
41- Fahmeir Andreas, Citizenship, Yale University Press, New Heaven and London 2007.
42- Fletcher George P. Basic Concepts of Criminal Law, Oxford University Press, 1998.
43- Folhen Claude, Histoire de l'Esclavage Aux Etats-Unis, Éditions Perrin Paris, 1998.
44- Formisano's Ronald, Boston Against Busing:Race, Class and Ethnicity 1960-1970, University of North Carolina Press 2009.
45- Freedom and the Court Civil Rights and Liberties in the United States 8th ed. University Press of Kansas 2003.
46- Gaillard Roger, Les Blancs Débarquent, Le Caco 1918-1919, Imprimerie Le Natal Haiti 1982.
47- Gaillard Roger, Les Blancs Débarquent, La Guérilla De Batraville 1919-1934, Imprimerie Le Natal Haïti 1983.
48- Gilbert's Criminal Practice Manual Publisher: Lexis Nexi N.J. 2005.
49- Herring George C., From Colony to Superpower, Oxford University Press. 2008.
50- Histoire D'Haïti, Frères de L'Instruction Chrétienne Haïti éd. 129.
51- Hoboden Stephen, Hobson John M., Historical Sociology of International Relations, Cambridge University Press, USA 2002.
52- Inbqu Fred Edward, Criminal Law for the Police, Chilton Book Co. Philadelphia 1969.
53- Jacobs James B, Hate Crimes, Oxford University Press 2001.
54- Léger Abel Nicolas, Code Civil D'Haïti Tome I, Les Éditions Fardin, Haïti 1986.
55- Léger Abel Nicolas, Code Civil D'Haïti Tome II, Les Éditions Fardin, Haïti 1986.
56- Les Racines Du Sous-Développement En Haïti, Imprimerie H. Deschamps, Haïti 1979.
57- Lippman Mathew Ross, 1948, Contemporary Criminal Law, Sage Publications, Calif 2007.

58- Loewy Arnold H., Criminal Law in a Nutshell, Thompson West, Minn. 2003.
59- Louisiana State Law Institute, Civil ALaw Section, Civil Law in the Modern World, Louisiana State University Press 1965.
60- Maddex Robert L., Constitution of the World, CQ Press, Washington DC 2008.
61- Manigat Leslie F. La Crise Haïtienne Contemporaine, Éditions des Antilles, Haïti 1995.
62- Manigat Leslie F. Éventail D'Histoire Vivante D'Haïti 1789-2003, Tome III Collection CHUDAC, Haïti 2003.
63- Mars, Price, Ainsi Parla L'oncle Imprimerie De L'État, Haïti.
64- Masséna Denyse, La Femme Dans Le Droit, Imprimerie M. Rodriguez, Haïti, 1975.
65- Micheni C. Jean Paul Histoire Des Constitutions Haïtiennes 1801-1981, Montréal, Canada 1991.
66- Moise Claude Constitutions et Luttes de Pouvoir en Haïti, 1804-1915, Tome I, Éditions CIDIHCA, Qué. Canada 1988.
67- Moise Claude, Constitutions et Luttes de Pouvoir en Haïti, 1915-1987 Tome II, Éditions CIDIHCA Qué Canada 1992.
68- Mueller Gerhard, O. W. Essays in Criminal Science, F.B. Rothman, N.J. 1961.
69- New York State Penal Law of the State of N.Y. Looseleaf Law Publications 2007.
70- New York State, Gilbert Criminal Law and Procedure, Mathew Bender N.Y. 2007.
71- Noel Jacques, Traits D'Histoire D'Haïti, Litho Inc. Éditions Publimatic Haïti 1999.
72- Orfield Gary, Eaton Susan E and Jones Elaine R. Dismantling Desegregation: The Quiet Reversal of Brown v. Board of Education, New York Press 1997.
73- Pistole Jesse R. Criminal Law for Peace Officers, Reston Pub. Co. 1976.
74- Pocock J.G.A. The Ancient Constitution And The Feudal Law, Cambridge University Press, USA 1987.
75- Rackham H.M.A Translation Aristotle, The Athenian Constitution, The Eudemian Ethics on Virtues and Vices, Harvard University Press Cambridge Mass. 1961.
76- Raffels Jeffrey A. Historical Dictionary of School Segregation and Desegragation, Greenwood Pub. 1918.
77- Repiblik Ayiti Konstitisyon 1987.

78- Renola Mary A. Taking Haiti 1915-1940. The University of North Carolina Press USA 2001.
79- Rennerkard 1870-1950, The Institutions of Private Law and their Social Functions, Routledge and Paul Boston, 1976.
80- Rich Vernon 1939, Law and the Administration of Justice, Wiley N.Y. 1979.
81- Robinson Paul 1948, Would You Convict, New York University Press 1999.
82- Roland Astrel, Le Naufrage D'une Nation, Éditions La Prairie, Canada 1981.
83- Sax Robin, The Complete Idiot's Guide to the Criminal Justice System Alpha USA 2009.
84- Schmidt Hans, The United States Occupation of Haiti (1915-1934) Rutgers University N.J. 1971.
85- Schoelcher, Victor, Vie de Toussaint Louverture Éditions Karthala Paris, 1982.
86- Siegel Larry J., Essentials of Criminal Justice, Wadsworth C Engage Learning CA 2004.
87- Simpson Peter L. Phillips, The Politics of Aristotle, Translation, University of N. Carolina Press, USA 1997.
88- Singer Richard, Grand La fond, John Q. Criminal Law (The Examples and Explanations Series) 4e USA 2007.
89- Soukar Michel, Haïti Fleur y Tabarre Haïti 2009.
90- The Constitution of the United States: A History, The US National Archives and Records Administration, M.D. USA.
91- The Pursuit of Criminal Justice, University of Chicago press 1984.
92- Turnier Alain, Mérisier Jeannis, Imprimerie Natal, Haïti 1980.
93- United States, United States Code Annotated, Title 18, Crimes and Criminal Procedure, Law Collection 21.
94- US Supreme Court, Lewis Thomas Tandy, St. Cloud State University, Salem Press Inc. CA Vol. I
95- Uitz Renata, Constitutions, Courts and History, CEO Press, Hungary 2005.
96- Vincent Sténio, En Posant Les Jalons I, II, Imprimerie de l'Etat Haïti 1939.
97- Wallace Harvey, Principles of Criminal Law, Allyn and Bacon Mass. 2001.
98- Wallace Harvey, Principles of Criminal Law, Langman Publishers N.Y. 1996.

99- Watson Han, 1933, The making of the Civil Law, Harvard University press Mass. 1981.
100- Webb Clive, Massive Resistance:Southern Opposition to the Second Reconstruction, Oxford University Press N.Y. 2005.
101- Winters Paul A., The Civil Rights Movement, Greenhaven Press Inc. CA 2000.

Curriculum De L'Auteur

Fritz Guichard a fait de bonnes études en Haïti. Produit des années 50-60, il a été l'un des deux bacheliers (Section A) à réussir au baccalauréat sous la supervision du Directeur Crispin et du sous Directeur Barbot. Économiste, lauréat de sa promotion à l'Institut Des Hautes Études Internationales Et Économiques, Avocat, il a prêté ses services au Département Des Finances et des Affaires Économiques durant les années 60 jusqu'à son départ pour les États Unis en 1971. Aux États Unis, il a fréquenté plusieurs universités : Hunter Collège, Queens, York et LIU où il a déroché successivement un B.S. en Économie, et un M.A. en Éducation. Mr. Guichard a été un éducateur compétent et consciencieux dans l'état de New York. Il a toujours collaboré à maints projets sociaux et éducatifs. Il a été aussi l'un des membres fondateurs de L'Association Des Avocats Haïtiens de l'Extérieur.

Made in the USA
Monee, IL
04 November 2026

67378672R00118